以鸟兽之名

IN THE NAME

OF

BEASTS

孙频

著

人民文学出版社

图书在版编目（CIP）数据

以鸟兽之名/孙频著. —北京：人民文学出版社，2021
ISBN 978−7−02−017018−0

Ⅰ.①以… Ⅱ.①孙… Ⅲ.①中篇小说—小说集—中国—当代 Ⅳ.①I247.5

中国版本图书馆CIP数据核字（2021）第038644号

责任编辑　樊晓哲　王　薇
装帧设计　陶　雷
责任校对　韩志慧
责任印制　徐　冉

出版发行　人民文学出版社
社　　址　北京市朝内大街166号
邮政编码　100705

印　　刷　三河市鑫金马印装有限公司
经　　销　全国新华书店等

字　　数　173千字
开　　本　880毫米×1230毫米　1/32
印　　张　9.125　插页3
印　　数　1—8000
版　　次　2021年4月北京第1版
印　　次　2021年4月第1次印刷

书　　号　978-7-02-017018-0
定　　价　49.00元

如有印装质量问题，请与本社图书销售中心调换。电话：010－65233595

目 录

以鸟兽之名

一

去年春天，我整个人变得越来越焦虑，失眠也越来越严重，经常半夜的时候赤足在屋子里游荡，或是守在窗前，数着爬进来的月光的脚印。下弦月总是在后半夜才悄无声息地出来，脚印洁净极了。如此一段时间之后，眼看就到了桃花盛开的时节，我决定回一趟老家。

我的老家在一个北方小县城，很多人家的门口都种着桃树。那些桃树，平日里看上去也就是一棵棵树，谁也不会朝它们多看一眼。但是一到了每年三月，它们就会从各个隐蔽的角落里集体杀出来，艳丽凶猛，带着一种极其盛大的节日气氛，张灯结彩，把整座老县城照得像宫殿。

我选这个时节回去，一来是为了赏桃花，二来是为了打捞点素材。我的焦虑也与此有关。这些年里，我虽然出了几本书，但几乎没什么反响，也没多少销量，稿费连在北京租房都不够。为了生活，近两年不得不写一些不入流的悬疑小说，以求多些销量。写悬疑小说的后遗症之一就是，看什么都觉得其中有蹊跷。所以每次有人叫我作家的时候，我心里都是既恼怒又得意：恼怒的是，就连我都能算个作家？得意的是，居然有人知道我是个作家，我还以为全世界只有我一个人知道这个秘密。母亲就从不和别人说我在北京做什么工作，我估计她是觉得羞于启齿。

青砖的院门已经日益破败，朽坏的木门吱嘎作响，但从墙后伸出的那枝桃花却依然天真妩媚。走到门口，忽然与它迎头撞上，那种欢喜热烈，简直让人想落泪。坐在桃树下和母亲寒暄一番之后，母亲忽然一拍大腿，说，你不是每次回来都先问我，最近县里有没有发生什么吓人的事情，这次怎么不问了？我还真给你攒了这么一桩事，晓得不？你那个同学，杜迎春，在山上被人杀了，杀了以后又把她烧成了灰，连案子都破不了。听说连脖子上的一条金项链都被人家拿走了，你说怕不怕？死了有一个多月了吧。

我大吃一惊，杜迎春是我小学同学，我同学里面居然也会出杀人案？杀人是一件多么遥远的事情啊，却忽然长出腿跑到了我面前。小时候因为我们两家离得很近，我和杜迎春从小就在一起玩。长大以后她名声不是很好，中间有几年我们失去了联系，但后来加上微信之后，她偶尔还会从手机里跳出来，和我聊上几句无关痛痒的话。

杜迎春在我们县城里也算是一号人物，初中毕业后读了个中专，十八岁的时候就爱上了一个男人，爱得死去活来，一定要嫁给这个男人。她母亲看不上那男人，咬牙切齿地骂她，跳着脚说，嫁去，嫁去，把老娘给你买的衣服脱下来。话音刚落，她就把身上的衣服脱了个精光，包括内裤，然后赤身裸体地站在院子里，仰脸数着头顶一共飘过几朵白云。和这男人结婚六年便离了婚，然后又在网上认识了一个广东的网友，在网上爱得轰轰烈烈，天昏地暗，又坐上绿皮火车跑到广东去找那男人。结果两个月之后又悄悄跑回来了。后来还是经熟人介绍，嫁了一个面相老实的男人，生了个女儿。结果过了几年又离婚了，因为她有了相好的，说是又找到爱情了。就在去年过年前，她还在微信里主动和我说起过，说她现在这个男朋友性格有些反复无常，不知道是不是因为从山上搬下来的缘故。我回她说，你口味倒变得快，开始喜欢山民了？山民被文明驯化得更少，性子和我们也不大一样吧。她回道，我要的是感觉，说不来他身上有股什么劲儿，反正挺吸引我的，再处处看吧。我说，感觉又不能当饭吃。之后便是大年初一互相发了条拜年短信，然后再无联系。

我忙问，那凶手抓不到？母亲说，人都烧成灰了，又是在山里头，你说怎么破案？我想，确实，大山里没有监控，可杜迎春对山上并不熟悉，为什么却要跑到山上去？这说明杀害她的人对山里很熟悉。我赶紧问，她后来不是又有了个相好的？

那男人没嫌疑？她想了想，说，不关那人什么事吧，要不案子早就破了。我问，你见过那人吗？母亲摇摇头，光是听她妈在我耳根子底下提过一回，好像那人是从山上下来的，就住在移民小区里。我忙问，这移民小区叫什么名字？她说，大足底小区。我说，这小区的名字怎么这么怪？

母亲白了我一眼，起身说，你又不是公安局的，管人家闲事干什么？我看你是越来越呆了，难怪找不到老婆。阳关山上修水库，正好淹了大足底村，他们就整村搬下山了，这多好，下了山直接就住进楼房了。你看看连人家山里人都在县城有楼房了，再看看你。我说，你再写上一年就快不用写了吧，你还能写出个房子来？

我急急打断她，这个大足底小区在哪边？

母亲见牛头不对马嘴，只挥手往西边比画了一下，懒得再搭理我，又随手拔了两棵葱，准备做饭。

我果然在县城的最西南角找到了这个叫大足底的小区。我自己都觉得自己有点好笑，写了两年悬疑小说，没见写出什么名堂，倒把自己搞得像个业余侦探。只见这小区孤零零地悬在那个角落里，孱弱瘦小，天外来物一般。小区周围围着一圈矮矮的围墙，有一只长胡子的山羊居然稳稳地站在墙头，我看了半天它都掉不下来。小区的西面和南面皆是旷野，旷野里隐隐可见一棵棵孤零零的柳树。小区对面立着两棵粗壮的大白杨，树上筑着巨大的鸟窝，小房子似的，看起来里面住个人都不成问题。我绕着小区转了一圈，只见小区周围开垦了几块奇形怪状的菜地，犬牙参差。在小区后面还有猪圈、羊圈，里面养了几头猪和几只羊，很是热闹。小区旁边的旷野里还搭了个简易厕所，就是刨了个坑，周围插上四条木棍，拿块破布一围。我不禁有些疑惑，难道还有人每天千里迢迢从小区里跑到野地里，就为了上个厕所？

我正在门口徘徊，小区里走出来一个人，在与我擦肩而过的一瞬间，我俩对视了一眼。我忽然认出，这人却是我当年在县文化馆的同事，叫游小龙。那人走过去两步忽然也停下，回过头看着我。我说，游小龙吧，我是李建新啊。他盯着我又认真看了几秒钟，然后走过来，忽然伸出一只手，像领导一样，要非常正式地和我握手。我不太情愿，觉得这样太过隆重，但我们的手还是轻轻碰了碰，然后他用标准的普通话对我说，多年不见，没想到会在这里遇到故人，请问你来这里有何贵干？我犹豫了一卜，笑着说，没事，瞎溜达到这里了，你怎么也在这？他淡淡说，我就住在这小区里。我惊讶地说，好事啊，什么时候搬到楼房里了？他却忽然说，真是抱歉，我现在出去有点事要办，欢迎你明晚到我办公室来叙旧。我还在原来的办公室，那么，再见。说罢便扬长而去。

多年前我本科毕业在县文化馆工作的时候，游小龙就已经在那里了，比我早去了两年，据说他老家在阳关山的某个小山村里。那时候他极不喜欢说话，还有个忌讳，不愿听别人说他是山民。平时同事们极少有机会能听到他说话，所以，他偶尔说一句话，哪怕是再平常的话，也总会让人觉得惊天动地，怎么，这个人居然会说话？我后来慢慢发现，他虽然平素寡言，总像静静潜伏在水面之下，有时候却会忽然从别的什么地方浮出水面，且姿态悠扬，头顶着水草或月光，使他看起来就像只华美的海兽。

那时候，我们都是这个县城里稀有的文学青年，虽然很少交谈，但光闻着对方身上的气息，就知道是同类。我发现每天下班之后他都不走，也不是加班，只是蛰伏在办公室里不停地写东西。有人说他在写小说，有人说他在写诗。不管我多晚离开，都能看到他办公室里还亮着灯光，有时候还会碰到他像个夜游神一样正在楼道里游荡。

后来我才知道，他根本不需要回家，因为他就住在办公室旁边的小杂物间里。那时候我觉得他简直像个国王一样，每天晚上等所有的人都下了班，这整栋楼就都成了他一个人的疆域。他办公室里的那点灯光一直压迫着我，我担心他写着写着会忽然变成一只庞然大物，然后绝尘而去。而我则被遗弃在原地，变得越来越颓败平庸，最后彻底淹没在人群里。

只要他的灯光还亮着，恐惧感便会让我又悄悄折回自己的办公室去，重新坐到椅子上去，即使坐半天也没写出一个字，但只要自己的灯光也陪他一起亮着，心里便像抛了锚一般，多少觉得稳妥了点。这样过了两年，我还是做出了辞职的决定。辞职之后，我离开县城去了北京闯荡，在京城一流浪就是十年。工作一换再换，没想到最后还是混成了一个靠写作为生的人，租个小房子，偶尔去凑个酒局。

看着他的背影，我忽然想起来了，游小龙就是个山民。他是在大山深处长大的，在县城里读完高中，又出去读完大学之后，再回到县城工作。我们这个县以山地为主，县城坐落在巴掌大的平原上，而大大小小的村落则像珍珠一样散落在连绵起伏的大山里。如果是土地肥沃的截岔地带，就会形成比较大的镇子，但更多的山村就几户人家，甚至还有独家村，一口人就是一个村庄，孤零零地镶嵌在大山的褶皱里。

在我们这里，平原对山地的歧视由来已久。山民的口音和平原上的口音略有不同，但即使只是一个叹词也能被平原上的人轻易嗅出来，哦，山上下来的啊？好像山上便是另外一个星球。山民们去一趟县城也自称是下山一趟。下山的方式多种多样，从前主要靠搭着木排走河道或步行，走河道必须在七八月份的旺水期，人如蜻蜓般立在木排上，顺流而下。步行的时候则需要身上带足干粮，一走就是几天几夜。后来有了自行车，骑车需要骑一整天，屁股都能摩擦起火。再后来林场有了东风大卡车，山民们搭便车，站在卡车后面的车厢里，人人头上顶着一团飓风。再后来有了客车，一般都是那种体型不算太大的中巴车，载着满满一车人，像只肉罐头一样摇摇晃晃地滚动在山路上。

次日，等我到了，文化馆已经下班了。从前就是这样，只要一下班，整栋楼就变得像一座荒宅，散发出阴森的气息。爬上三楼，我一个人穿过黑暗的楼道，向游小龙的办公室走去，感应灯随着我的脚步声一明一灭，楼道忽而浮出来，忽而又掉进黑暗里。

走到那间杂物间门口的时候，我站住踌躇了片刻。四顾无人，我还是悄悄推开了那扇小杂物间的门。我总是疑心里面其实还藏着一个人。没有人，它已经恢复成了杂物间本来的面目，只是那张单人床还在，落满灰尘，几只拖把披头散发地立在墙角，84消毒液的味道割着我的鼻子。这样荒凉的角落在夜深人静之际颇有些坟墓的气质，很难想象游小龙曾在这个角落里住过几年之久。

走到游小龙办公室门口的时候，我看到了门缝里裂出来的灯光，一切又和十年前天衣无缝地对接上了。这十年时间里，我很少回乡，即使回来了，也是匆匆待几天。因为当年辞了职去闯荡江湖，亲戚邻里都知道，结果却不能衣锦还乡，便总觉得羞于见人。这十年时间里，我和游小龙也再没见过面。我想象过我走了之后，游小龙会是什么样的感受，我那盏灯光也在深夜陪了他两年，也许他也曾偷偷在门口观察过我的灯光灭了没有。

现在，在空寂黑暗的楼道里重新遇到了这点熟悉的灯光，我不无伤感。轻轻推开那扇门，只见他办公室里又多了些摆设，看上去十分拥挤，桌上摆着一只粉瓷梅瓶，梅瓶里插着一枝桃花。桌子上还摆着一方砚台，笔筒里插着几支毛笔，还摆着几只粗糙的根雕。一只细口瓷瓶里插着一把团扇，扇子上随手画了几支竹子，旁边还题了一首诗，墨迹洇开，无法辨认写的是什么。墙角还站着一只大胆瓶，胆瓶里插着一大束干枯的花草。

桃花下坐着一个人，正趴在桌上奋笔疾书，桃花像烛光一样照着他的脸，此人正是游小龙。游小龙见我进来，先是一愣，好像并没有认出我来，继而便站起来，不冷不热地招呼道，足下光临寒舍，真是蓬荜生辉，请坐。他讲的仍是普通话，不过他一直都这样，我毫不奇怪。在一个小县城里，讲普通话的人总会被人多看几眼，好像是哪里派来的间谍。我猜他讲普通话是为了掩饰自己山民的口音，于是我也一直陪他讲普通话，两个土著摇身一变，好像一不小心都变成了外地人。

十年不见，他居然没有太大的变化，除了眼角多了些细碎的皱纹。我拉了把椅子坐到了他对面，只见他正在一个本子上写着什么，也和从前一模一样，我简直怀疑这中间的十年其实根本不存在。桌上还摆着一把白瓷酒壶，一只酒杯。他略一沉吟，从柜子里取出一只柿黄色的天目杯，用手托着，小心翼翼地吹了吹，从酒壶里给我倒了一杯酒，翘着小拇指把酒杯推到我面前，一片花瓣落下，刚好飘落到我的酒杯里。他微微笑着说，春梦秋云，聚散真容易。我说，我记得你从前不喝酒吧，现在也开始喝了？他脸色雪白，目光远远地看着我说，劝君莫做独醒人，烂醉花间应有数，这是玫瑰汾，用玫瑰花泡出来的汾酒，很雅致，你闻，有玫瑰花的清香。

他的话忽然比十年前多了很多，不只是多，这些话还好像都戴着礼帽，穿着西装，或涂着脂粉，摇着扇子捂住嘴角浅笑。因为写作的时候总是要用文学性的语言，出于补偿，我平时说话都是能怎么糙就怎么糙。我不愿听下去，但还是做出很有兴致的样子说，好啊，今晚咱俩就喝点，有十年没见了吧？你这里有没有下酒的？他往桌角指了指，下酒菜是一只削了皮的梨。他解释道，花生还得剥皮，粗俗了些，肉食又有味道，不够洁净，不如这雪花梨，清甜干净，配玫瑰汾的花香倒正好。

我刚端起杯子，他忽然又小声说，你不欣赏一下酒器吗？喝美酒是要讲究酒器的，这天目杯堪称美器。喝下去一杯酒，他用小刀削了一块梨给我，我接住塞进嘴里，一边悄悄打量着他。他虽然看起来老了一点，但从头到脚还是那种过度的崭新感。他的皮鞋永远纤尘不染，镜子一样明亮，简直让人怀疑他的鞋不是用来走路的。那时候，他总像一件新打出来的家具，崭新僵硬地立在某个角落里，万一哪天他忽然多说了几句话，又会让人觉得害怕，仿佛暗中设下了什么圈套。

我想起那时候，单位里流传着不少关于游小龙的传闻，说他如何节俭。当年他在县城里没有房子，为了能省下房租，他硬是在逼仄的杂物间里和拖把扫帚一起住了几年。如果单位食堂的伙食哪天好一点，他自己就不吃，用饭盒装起来，带回家里去。他一年四季就那么两三套衣服，夏天永远是白衬衣黑裤子，春秋加一件黑西服，冬天再加一件黑色羽绒服。但他极爱干净，衣服洗一遍自己熨一遍，一点褶子都没有，永远像新的一样。

那时候，我们两人都是沉默寡言的人，又都揣着点文学梦，所以看着对方总觉得像看着镜子里的自己，总是忍不住要偷偷观察对方。在我印象中，我们只有过两次近距离的接触。有一次，我们被派到一个乡镇做捐书活动，在乡政府做完捐书仪式，我看到他顺手把一支放在桌上的圆珠笔装进了自己包里，一支圆珠笔而已，我假装没看见。在回去的路上，他一语不发，只是扭脸看着窗外，脸色有些难看，我以为他是身体不舒服。第二天他请假要再去那个乡镇一趟，因为是个人私事，他坐着城乡公交车，中途又换了一趟公交车，半天时间才到那个乡镇，紧接着又用了半天时间慢慢返回来，等他回来了我们已经下班了。我实在忍不住好奇，在楼道里碰到他时，便问了一句，你又去那乡镇上干吗了？

他看了我一眼，径直从我身边走了过去，这在我的预料之中。我正准备走开时，忽听见他在我身后说，我把那支笔送回去了。我扭脸看着他，他也看着我，他的目光在昏暗的楼道里变得很亮，像刚刚擦拭过一般，语气里也隐隐浮动着一层光亮。

他的话猝不及防地就多了起来，他说，昨天我也没有多想，下意识地就把那支笔装进了自己包里，大概是因为觉得它不是什么值钱东西，拿回去也可以用。它确实不是什么值钱东西，可是拿了这支笔，我一夜都没睡着，我必须得把它送回去。

我站在那里，迟疑了片刻才说，其实没有人会在意的，只是一支圆珠笔而已。

他对着我慢慢绽开了一个笑容，同时又满足地叹息道，就是因为只是一支不值钱的圆珠笔，我才必须得送回去。

我们之间从没有说过那么多的话，简直要把我吓住了。

还有一次，也是我和他一起去下乡，下午返城的时候，单位的车没空来接我们，而最后一趟公交车已经过去了。他忽然想起来手机里存着一个出租车司机的电话，便赶紧给那司机打了个电话，对方爽快地答应了，声称二十分钟后来村口接我们。结果，我们一等等了两个多小时，直到天完全黑了那出租车才到。坐上车之后游小龙忽然大发雷霆，用普通话冲那司机大喊道，说好的二十分钟，怎么能让我们等两个多小时，你还有没有一点信用，人不讲信用还有什么意思。那司机忙赔着笑说，今天是我不好，本来都准备过来了，忽然有事又返回去了。这样吧，我就少收你十块钱，你也消消气。等到下车的时候，游小龙果然少付了十块钱。

出租车开走了，我们呆呆站在路边，谁都没说话，也没有离开。我点了一根烟，也递给他一根，他从不抽烟，本以为他会拒绝，没想到，他接过去，很笨拙地抽上了。他抽得很快，几口就把一根烟抽完了，倒好像是大口吃下去的。抽完一根烟，我小心翼翼地说，不早了，我先回家了，你回单位？他扔掉烟头，使劲踩灭，忽然说，我要去找那出租车司机。我诧异道，又怎么了？他一边往前走一边说，我得把那十块钱还给他。

如今，他不只是话多了，连酒量也变大了，好像整个人忽然变大了一号。我正不知道该从哪里说起，忽听见他笑着说，故人重逢真是人生一桩快事，我一定要敬你几杯。不知怎了，这两年我开始怀念从前，想起那时候下班之后，你见我还在办公室里坐着，你便也不肯走，像是一定要和我比赛一样，那时候觉得你挺可笑，现在想想，倒觉得有种无邪之美。

我什么都没说，只是靠在椅背上，对他宽容地笑了笑。只听他又说，现在我总是会想起那些从前的美好，我以前不喜欢和人讲这些，讲了也没人懂。我上大学时有个室友，很有些风度，别人学习之余会去打打篮球什么的，他不同，他有闲的时候就作几首诗，或是自斟自饮几杯，借着酒兴赏月或吟诗，真正是个风雅的人。我记得有一次，我和他一起坐着公交车去看电影，公交车里挤得水泄不通，连站的地方都没有，又是大夏天，我们身上的衣服很快都湿透了。就在这个时候，我们身边站着的一个女人手里拎着的一桶菜籽油忽然爆炸了，可能是温度太高的缘故，溅出来的油正好喷到了我们两人身上。你猜怎么？那么拥挤的车厢里立刻给我们两人让出了一个圈，我们俩油光满面地站在那个圈里，身上还不停滴着油，一边享受着人群让给我们的某种特权，一边高声谈论着诗歌。下了公交，我们就那么淋着一身油进了电影院，从容看完了电影，又淋着一身油走出电影院，再次上了公交车。我们很油腻、很骄傲地站在别人专门为我们让出的领地里，兴致勃勃地讨论着博格曼和塔可夫斯基，不知不觉就到了学校门口。尽管从不联系，我却时常会想起他，这样风雅的人如今不多了，我心里很仰慕他。

我感觉我们两个像站在剧场里的话剧演员，背着台词，追光灯正好打在我们头上，四周一片寂静，没有一个观众，难免觉得古怪。我呆坐片刻，便转移话题道，你这是在加班？他捡起一片花瓣放进自己杯子里，闭上眼睛闻了闻，冷笑一声道，加班又有什么意思？其实早在八世纪，人们就已经开始在高官和隐士之间寻找一种平衡了，这种平衡一直延续在中国的传统文化中，从未中断过。大隐隐于市，小隐隐于野，中隐入丘樊，我可算中隐。

他喝下一杯酒，也不用下酒菜，抿抿嘴唇，傲然靠在椅背上。

我只好又转移话题道，你们小区的名字倒是挺有意思的。他又冷笑着说，是你不明白，大山有大山的文化，平原有平原的文化，文化这个东西，处处都有，可别以为只有城市才有。其实深山里的村庄都有这样的嗜好，越小的村庄越喜欢在自己的名字前面冠上一个"大"字，以显示某种气派。像阳关山里的大游底、大岩头、大石头、大水、大塔，其实都不过是几户人家的小村庄。比大塔村海拔更高的一个村，是一个独家村，只住着一户人家，却取名叫塔上村，大概当初暗暗发过誓，在气势上一定要盖过大塔村。虽然我们整个大足底村都从山上迁移下来了，但村名肯定是不能改的，如果连村名都改了，村民们就彻底没有身份感了。

第一次听他如此磊落地说自己是山民，我心里很是诧异，只记得他从前很避讳提这个。我点点头，说，也算好事，省得你在县城里买房了。他又给我倒酒，半只嘴角翘起来，微微笑着说，你敢确定是好事？我说，现在的姑娘们找人结婚，都是先看对方有没有房子，对了，你早成家了吧？他又冷笑一声，说，成家做什么，一个人多清静。我一听这语气，忙说，一个人确实清静自由，这不，我也没成家。话音一落，我忽然感觉到，我们不约而同地都轻松了一些。

梅瓶里的桃花又簌簌地落下去几瓣，我看着那些花瓣，感觉它们像一种静谧且艳丽的时间。这时候他像忽然想起了什么，嘴角还高傲地笑着，把桌上的本子慢慢推到我面前，说，你现在不是变成作家了吗？来，作家，看看我写得怎么样，我也想写本书，我要把整座阳关山都写进书里去。

我大惊，说，你怎么知道？同时，因为他用了"变成"这个词，我眼前立刻出现了一只人飞蛾从茧里爬出来的笨拙情形。他把一条腿搭到另一条腿上，微微有些得意地打量着我，半天才道，你这些年出的每本书我都买来看过，虽然卖得不怎么样，

17

但我觉得有些地方写得也还行吧。

我假装没听到他在说什么，拿过那本子，只见上面用钢笔记得密密麻麻的，有点像高中生的笔记本。

从前我在大山里生活的时候，只以为阳关山里的方言是世界上最土最笨的语言，被遗弃在与世隔绝的深山里。后来我才慢慢明白，我们的语言里其实残留着几千年前的远古文明，夹杂着匈奴等少数民族的游牧文明。我们的语言像大山里的那些沉积岩，一层一层累积下来，又经受了几百万年里地壳运动的断裂，低谷变成高山，高山化为海底，它就是时间沉淀下来的文明本身。

在大足底，把"天"叫"乾"，把"月亮"叫"月明"，把"星星"叫"星宿"，把"没听说过"叫"未见其"，把"吵闹"叫"聒噪"，把炒菜锅叫"吊子"，"吊子"是古代一种罐状器皿。我猜测这都是一些流传下来的古音，因为大山里的山村都是很封闭的，而这种封闭性正好能把一些上古的东西完整保存下来。大足底还有一个特别的叹词"兀得"，一般用于前缀，没有实际意义，后来我才发现这个词是从蒙古语里出来的，可能与当年匈奴在这阳关上的活动有关。

再比如"狮子搏肚"这个奇怪的词我从小就耳熟能详，连村里不识字的老汉老太都喜欢用这个词来形容人的勇猛。后来我忽然想到，他们所说的"狮子搏肚"应该是"狮子搏兔"的误传，应该是很久以前的一个读书人把这个词带到大足底的，虽被读错了一个字，但从此却流传下来。"押韵"也是我从小在大足底听惯的一个词，用来形容一个人不识好歹或阴阳怪气。后来我细细一想，这个词在大足底应该也是一个舶来品，恐怕最早是用来嘲笑某个格格不入的读书人的。再比如说一个人忽然明白了什么，就用"地懂"或"地醒"，这些词里折射出先民对土地的崇拜，是典型的农耕文明的产物。

还有一些山民自己发明的四字常用语，极其形象，甚至带有画面和色彩。形容一个人喜欢串门就用"刮达流西"；形容老年人气色好就用"红花木古"；形容一个人精力充沛用"五脊六兽"；形容一个人有气无力用"死妖害命"；形容一个人满不在乎时用"扬长五道"，这神态，多潇洒。形容一个人说话不爽快用"以以人人"，好像在模仿女人的说话声音，有一种韵律上的迟疑和反复，一个人含羞的神态就出来了。

我一时猜不透他让我看的用意。我想到我离开之后的这些年里，他也许每天晚上都要趴在这里写点什么，却可能至今没有发表过一个字。我曾听一个做编辑的朋友说起过，有个老汉经常去他们编辑部，每次去了都拿着自己厚厚一摞手写稿，很神秘地对他们说，这部小说马上就要获诺贝尔文学奖了。我跨踏了一下，还是对他说，等你什么时候写完了，我倒可以试着帮你介绍到出版社去，但也只能是试试。这时候只见他慢慢地笑了，那种笑容打开得很缓慢很用力，散发着金属的味道，简直有点可怕。他笑着说，不必，我的书不需要出版，因为这本书压根儿就不是写给人看的，是写给阳关山上的鸟兽草木的。就像古人，最好的文章都是用来祭天的。

我也笑笑，一时无话，我们便又默默喝酒。我想起多年前守在我们办公室里的那两盏灯光，那时候，我们谁也不敢先灭掉自己那盏灯，多少有些相依为命的意味。我心中不由得伤感，却见他只是专心致志地削了一块梨，塞进自己嘴里，慢慢嚼着，直到嚼完才闲闲地问了我一句，对了，你那天去我们小区是不是要找什么人？你要找谁可以问我，我们都是一个村的。

我心里忽然觉得有些奇怪，他并不是一个热心人，却为什么对我去找谁这么有兴趣？我敷衍了几句，没有没有，我那天就是瞎溜达着玩的。他好像不放心，又补充了一句，你要找谁真的可以问我。尽管他的神情很镇定，但我还是感觉到了他语气下面隐隐约约的急切。我一时有些摸不准他的用意，他是怕我在这小区里认识什么人？还是希望我在这里认识什么人？我不好多问，他也没有再说下去。

我的好奇心更重了，第二天，我又来到了大足底小区门口。这次看得更仔细了些，只见小区门里蹲着一只风化严重的石狮子，一头鬈发，瞪着两只失神的大眼，像只苍老的看门狗一样。正对着门口摆着几个圆形的石墩子，一群山民正坐在门口晒太阳，有男有女，都穿得黑压压的，像一群栖息的大乌鸦。我也凑过去，坐在旁边看热闹。原来他们正在研究那几个石墩子，很激烈地争论石墩子到底是什么材料做成的，又互相猜测石墩子到底有多重。然后男人们排着队，一个一个走过去轮流抱石墩子，看谁能抱得起来。

我正在观看，旁边有两个壮汉忽然抱在了一起，嬉戏打闹起来，你撞我一下，我撞你一下，像两头站立起来的熊。众人笑嘻嘻地围观着，并把其中厉害的那个称为是"狮子搏肚"。我吓了一跳，我第一次看到一个词语在我面前现出了形状，就像一个透明的魂魄忽然长出了面目。打闹了一会，其中一个壮汉想去旁边撒尿，还要把另一个也捎上，好有个做伴的。于是两条大汉搭着肩膀嘻嘻哈哈地一起去几米外的地方，解开裤子就撒尿。门口坐着的女人们捡起地上的石子和烂菜叶，一边笑骂一边往他们身上扔。两条大汉也不躲闪，头上顶着烂菜叶，还在比谁的尿程射得更远。

我注意到人群里有个五六十岁的女人，长着一双奇异的眼睛，很大很亮，里面装得满满的，整个人却极安静极轻盈，连点脚步声都没有，简直像缕青烟一样。她总是半低着头，趁人不注意又悄悄抬起头，眼睛闪闪发光地看着别人，她朝我偷偷看了一眼又赶紧把目光移开。我发现她像喜鹊一样，极喜欢亮晶晶的东西，一看见闪亮的东西就悄悄扑上去，左看右看，喜笑颜开。隔一会儿，她就走到门口的垃圾箱旁边，埋头翻找半天，捡出别人扔的空瓶子和纸盒子，装进一只蛇皮袋里。一旦翻出什么亮晶晶的东西，比如半截镜子，一只玻璃瓶，她就会眉开眼笑地举起来，对着阳光左看右看，爱不释手，咧开的嘴巴里不发出一点声音。她还扎在人堆里专心寻找亮晶晶的纽扣，一看见谁衣服上有发亮的纽扣，就眉开眼笑地凑过去，趁人家不注意伸手摸一下，过会儿再偷偷摸一下。看到男人们腰上挂的钥匙串上有一把亮晶晶的指甲剪，也会凑过去看了又看，摸了又摸。

我忽然意识到她可能是个哑巴。

大约是因为门口的石墩不够坐，他们从自己家里抬出了破沙发、破椅子，一字摆在门口，还有人搬出了一面破鼓当椅子，还有的人垒了几块砖头，也能勉强算把椅子。这样看起来，小区门口倒有了点沙龙的味道。我发现他们聊天的内容主要是围绕着阳关山。

"那年文谷河里漂下来一段好木头，额想着赶紧捞上来，打个家具用用。结果搬起木头一看，木头下面还压着个死人，眼睛半睁半闭地看着额，死人是抱着木头漂下来的，脑袋肿得有南瓜那么大。额是谁？额才不怕它，额把那段木头打了个桌子，到现今还用着。"

"那死人就住在桌子底下，没看见？"

"额还怕个死人？ 倒是你，杀了那来多野猪，不怕下辈子投胎成猪？"

"投胎成猪又如何？ 额那年在山药（土豆）里埋上炸药，结果一头三百斤的野猪过来吃了，半个头都被炸掉了，那头猪可吃了额半年哪。还有一回额跟着一只豺，想把它捉了吃，结果找见了一只狍子，是那豺捉到的，把狍子藏在自己洞里。额就把狍子背回去，做了顿狍子扁食，啧啧，满嘴流油。"

"等你投胎做了猪，额也好好包顿猪肉扁食。"

"你等下辈子吧。额有一年还捉住了一只狐子（狐狸），从嘴上开始剥皮，额是什么手艺，整个狐皮剥下来都是囫囵的。额就做了个标本摆在炕上，外人进来一看，呵，呵，狐子都上你家炕了呵。"

夕阳开始慢慢落山，光线变得迟钝而柔和。一个枯瘦的老汉披着一身霞光回头看了看落日，脸上被染得金光闪闪，他长叹了一声，又把一天用完了呵。众人如石像一般，沐浴着晚霞，都久久不动。只消片刻，落日便完全坠入山谷，暮色变得苍茫起来，众人陆续起身，开始慢慢回巢。

二

我再次走进游小龙办公室的时候，他又趴在桌上奋笔疾书，旁边摆着酒壶和酒杯。桃花大概已经谢掉了，梅瓶里换上了一枝白丁香，花香馥郁，比桃花的香味要黏稠很多，闻多了让人觉得有些眩晕。

他见我进来，忙起身给我倒酒。我说，又写着呢？他把本子推到我面前，翘起一只小拇指，颇有些得意地说，你来看看，这些阳关山里的动物有意思不？

阳关山上最常见的动物有麝、獾、狼、花豹、野猪、蛇、花鼠。麝自带着香囊，但属于进化很慢的动物，性格又孤僻，一般生活在悬崖峭壁上，如避世的隐士。它们的饮食习惯很奇怪，喜欢吃苦辣的针刺，我猜测，喜欢吃长刺的植物，可能是因为吃的时候会有某种快感。难道有点像人类的卧薪尝胆？时刻提醒自己一种不安全感的存在？

花豹也属于进化很慢的动物。阳关山上，二十平方公里之内只能容得下一只花豹，它们是地盘感极强的动物，很骄傲，也很孤独。花豹一般不会去吃山民的家畜，一来是不屑于吃蠢笨的家畜；二来是怕山民会报复，只有生了孩子的母豹无法走远捕猎，会贪图方便去吃家畜。它们的习惯是先喝血，再吃内脏，最不好吃的肉，也是最容易保存的部分，它们会刨个洞埋起来，储存着慢慢吃。只要有人的地方就看不到花豹，它们会尽量躲着人，追踪花豹的最好时机是在雪后，因为它们会在雪地里留下脚印。

我爷爷曾经遇到过一只花豹。那个黄昏他在山腰上种完地，回家路上觉得累了，决定歇歇脚，便坐在石头上点了一根烟。刚把烟点上，一只喝完水的花豹就走了过来，他们面对面地僵持住了。对峙了不知多长时间，谁也不敢动，最后还是那只花豹一声不吭地先扭头走了。等花豹走了之后，他才发现嘴唇上已经被烟头烫起了一个大水泡。他回去之后还神不守舍了一周时间，谁叫他都听不见，一天只吃半个馒头。这是因为与花豹对峙时精神太紧张的缘故，没缓过劲儿来。一周以后才慢慢正常起来。

有花豹的地方就没有狼。但我小的时候，山上还是有狼的，不过阳关山上的狼并不是土著，大都是被蒙古草原赶出来的孤狼。狼是很讲究科学的动物，为了避免近亲繁殖，狼群会把所有的小公狼赶走。有的小公狼走的时候会顺便拐走自己的妹妹，兄妹兼夫妻俩从此浪迹天涯。还有的就彻底沦为孤狼，孤狼太孤独，没有伴侣和孩子，心理也脆弱，多活不久，真是和人类一模一样。

獾很喜欢一大家子穴居在一起，它们的洞穴特别有意思，有卧室有卫生间还有储藏室，布置得整整齐齐，就差添置几件家具了。冬天的时候，獾是要一大家子集体冬眠的，男女老少都睡成一团。山里的蛇也要冬眠，也是一大家子睡在一起。冬眠的时候，大蛇睡在里面，盘成一个大饼，小蛇在外面缠在一起相互取暖，小蛇因为脂肪不够，很多都过不了冬天。

野猪也是阳关山上最常见的动物。野猪很凶残，一只野猪死去了，尸体很快会被同伴吃掉。公野猪长到十岁才开始长獠牙，两百斤以上的野猪才能拥有一口向上卷起的獠牙，阔气得很，所以獠牙是野猪身份和资历的象征。小野猪都是由母亲带着的，公猪单独活动。母猪还会和其他母猪生活在一起，像闺蜜一样，共同抚养它们的孩子，所以野猪的世界还处在母系氏族社会。

山上所有的动物都能看得懂星宿，星宿是它们判断节气的重要标准。

我说，有意思，原来动物也能看懂星宿。他端起酒杯小啜了一口，然后用端庄的普通话说，我早就发现了，这大地上所有的生物都能看懂日月星辰，就连天上的候鸟，也是靠着星辰来分辨方向的。荷尔德林的诗中说，大地之上可有尺规？绝无。其实他说得不对，天地之间永远不缺尺规。

已经很久没有人这样和我说话了，我有些不适应。我面带微笑，下意识地往周围看了看，就像是怕周围有什么人会听到我们说的话。他好像并没有注意到我的微笑，准备继续说下去的时候，我忽然打断了他，我说，你为什么一定要用普通话呢？阳关山的方言我也能听得懂，我觉得我们用方言说话，会更自然一点。

他停住了，有些吃惊地看着我，然后又慢慢转头看着一个角落，沉默了很久，他对着那个角落说，我觉得用方言表达一些东西，会给人一种羞耻感，比如我说星空之下人会觉得自己渺小，这样的话就不适合用方言讲出来。还有的话即使用普通话讲出来也还是会觉得羞耻，那就只能用诗，只能用诗把它写出来。其实，我还写了很多诗，不过，这些诗也不是写给人看的，都是写给山里的鸟兽草木看的。

我笑道，看来你这些年也写了不少东西啊。他沉默不语，盯着一个角落，脊背挺得直直的。我自觉无趣，又补充道，其实出书不重要，写自己想写的就好。半晌，他才对着那个角落说，我不过是写着玩的，有个问题我倒想请教你一下，你们作家会

27

不会把认识的人都写到小说里？

我忙说，千万别叫我作家，我就是混口饭吃。他微微一笑，起身给我倒酒，然后看着我的眼睛说，你是不是打算把我也写到小说里？我一惊，怎么可能。他忽然大笑了起来，说，哪天你要是真把我写进小说里了，一定要让我看看，我看写得像不像。我正不知如何应答，却又见他收起笑容，正色道，你来我这里不就是为了找素材吗，我是真的希望能被你写进小说里。说罢朝我晃了晃酒杯，把一杯酒一饮而尽。

屋子里的空气忽然变得有些紧张起来，我心里咯噔一声，却还是努力笑着说，我就是过来找你聊聊天。他又独自饮下一杯酒，然后慢条斯理地说，我原来以为你去我们小区是找什么人，后来我想，你可能是想找点小说素材。我们那小区是移民小区，和别的小区都不一样的，山民的性情和你们平原上的人也不一样，素材挺多，就是不知道你想找的是什么样的素材，说说看嘛。

我想，他可能在试探我，看我对这个小区到底了解多少。这不太正常，从悬疑小说的逻辑来看，他如此戒备，应该是知道关于这小区的某个秘密，或者，他本身就离秘密很近很近。

我正坐在那里发呆，忽见他又站到我面前，给我倒了一杯酒说，你好歹也是个作家，我再请教你个问题吧，你说我们这些山民到底是从哪来的？最后又会到哪里去？不是只有柏拉图才能问这样的问题，对吧？

周末，我再次来到大足底小区的门口，小区门口照例黑压压坐着一片人。墙根下阳光煦暖的地方陈列着一排老人，姿势和表情都一模一样，满脸金光，看着像一排庙里的塑金菩萨，都把两只手笼在袖子里，牛一样的目光慢慢反刍着什么。你觉得他一直在盯着你看，看得你都有点害怕，同时又觉得他压根儿就没看见你，因为他的目光是空的。我走近了才发现，他们的嘴唇正在一张一合，原来正在小声聊天。

"人家你是发财了吧，看抽的这好烟。"

"少聒几句，抽吧，人能有几天好活？"

"你说什么时候天就塌下来了？塌了把所有的人都埋住算啦。"

"你少聒，额现在天每晚上睡不着，两三点就起来听猫儿打架。猫儿那吊客，半夜叫得瘆人，黑夜喝半斤酒都不顶事啦，最少得喝一斤。额天每四点就到街上溜达，街上连个鬼都看不见。"

"额在山上半年花不出去一分钱，在这山下倒好，哪天不花钱都木办法活。"

"现在连候儿们（孩子们）上个学，花钱都霸气得很哪。"

"候儿们在山上连学也没得上，如何考大学？将来又如何吃婆姨（娶媳妇）？"

"额不稀罕这楼房，整天把人圈起来，额一个人回山上去住呀，山上气宽。"

"回呀，回呀，不回的是王八。"

"回就回嘛，看到底谁是王八。"

旁边坐着几个女人，正围在一起绣花，现在已经很难看到绣花的女人，猛地看到，又有些怀疑她们的真实性。她们在绣一堆花红柳绿，鲜艳的颜色浮动在黑压压的人群之上，像一群举止欢快的小孩。这些女人的手上都戴着闪闪发光的大戒指和大手镯，似乎要把整个家底都披挂出来，再加上那些鲜艳的刺绣，使这群女人看起来个个都富丽堂皇。我后来才意识到，她们把所有的家底披挂在身上，是怕被平原上的人看不起。

一个满脸皱纹的傻子把自己当马骑，正拍着自己的屁股，欢快地在人群中跑来跑去，看看下棋，看看绣花，不时又跑到垃圾箱旁边看看可有能捡的东西。

女人们旁边是一群男人正围着一张棋盘，两个下棋的人，一个光头坐着，一个戴帽子的蹲着，在他们头顶围着一圈黑压压的脑袋。光头刚拈起马，周围立刻叫声一片，走炮，快走炮。走车，赶紧走车。话音未落，又有十几只手同时伸过来，七手八脚地帮光头走了一步棋。人群中立着一个方脸大汉，体型壮阔，两只手一直插在裤兜里，只是站在旁边冷眼看着棋路，并不出手，也不插话，稳如一座铁塔。稀里哗啦的几步棋之后，光头被打得落花流水。光头恼怒地抬起头，对着上方的一圈脑袋骂道，聒什么聒，长了一脑袋的嘴。

棋重新摆好，方脸大汉忽然一把推开光头，自己亲自上阵。他既不坐也不蹲，而是立在那里，看上去极其威武，打了个丁字步，目光稳稳垂下，扣在棋盘上，依旧把两只手都插在裤兜里。对方跳出当头炮，周围又是叫声一片：走马。走炮。他并不急着走，沉吟半晌，终于从口袋里掏出右手，稳稳地走了一步炮。我一怔，倒吸一口凉气。那只手坚硬凶狠，并不像一只手，倒更像一只铁钩。那只手上只剩下一只大拇指和一截小拇指。

我后来发现，在大足底小区，这些局部的残疾和残缺都会被无视掉，没有人把他们当残疾人看待。甚至连那个跑来跑去的傻子，他们也只是把他当成一个孩童，有时候还递给他一块糖吃。

看棋的观众里，有人尿急，便嘱咐周围的人给他留着位子，他火速去解决一下。然后，我看到他跑出人群，跑到墙根下，那里正陈列着一排晒太阳的老人。他就在离他们一米远的地方撒尿，而那些老人依旧眯着眼睛晒太阳，好像压根儿没看见他。那排老人里有几个是老妇人，每个老妇人嘴里都叼着一根烟，正坐在那里吞云吐雾。不知是谁的手机忽然叫了起来，一个老妇人跟着音乐缓缓站了起来，两根手指夹着烟，嘴里嚷道，吓死额了，这是谁的手机在聒？没人吭声，手机还在哇啦哇啦地叫，那老妇人站着愣了半天，又抽了一口烟，忽然像想起了什么，把手机从口袋里徐徐摸了出来，很不相信地说，是额的手机在聒？

在人群的正中间坐着一个瘦小干枯的老汉，戴着一顶灰色的八角帽，穿着半个世纪前的中山装，眼睛浑浊发黄，嘴里叼着一杆一尺多长的黄铜烟枪，烟枪下吊着烟袋，右手上佩戴着一块巨大的手表。他不时高高抬起胳膊，凑到眼皮子底下，看看那块大表上奔跑的时间。这时，不远处的垃圾堆上吹过来一截红布绳，老汉看到了，浑浊的眼睛倏地亮了一下，站起来，健步向那条红布绳走去。他身上不知什么地方竟挂着铃铛，走路的时候叮当作响，像圣诞老人坐着雪橇过来了。他捡起那条红布绳，绑在了自己腰上，摆了个很威风的姿势，嘴里说，额来给你们打一段丰收鼓吧。在山上，一到过节就打鼓，一打鼓人也快活。说着便蹦蹦跳跳地开始打一只想象中的鼓，众人只是笑嘻嘻地看着他，并不上前阻拦。

我担心他会摔倒，便上前搭话，老人家你小心点，多大岁数了？他淡淡地说了一句，八十八啦。因为说得太淡了，反而显得他很骄傲。我惊讶道，八十八了，好身体啊。他兴致勃勃地挥舞着红布绳说，额早就在等死啦，连棺材都割好二十年啦！那可是一口好棺材呵，柏木的，可惜下山的时候送了亲戚了，说是楼房里没地方放棺材呵。额就等额老婆来叫额啦，活一天算一天。她一来叫额，额拍拍屁股，跟着她就走。

我说，你老人家下山后适应不？他停下打鼓，慢慢眨了眨浑浊的眼睛，一边摸出烟枪点着一边说，山下倒是有楼房，可额在山里住了一辈子了，一抬头看见的都是山，结果搬到这山下来，周围都是平地，搞得额天每头晕。山下的时间是真难熬哪，额天每八点半就睡觉了，半夜两点半就起来了，起来就抽烟嘛，一边抽烟一边听收音机。额有两台收音机，额就都打开它，放在一起听，热闹得很。

我注意到有些人从小区里出来，专门跑到小区旁边的野地里解个手，然后又晃回去了。我心想，莫不是他们用不惯马桶？还是为了省水？这时候有更多的人陆陆续续地从小区里走出来，拥到了小区门口，每个人手里都抱着一只西瓜大的碗，碗比头还大，埋头吃饭的时候，头几乎要掉到碗里去。原来是午饭时间到了，捧着大碗的人或坐或站，边吃边聊，门口变得像集市一样热闹。原先坐着的人陆续开始往回走，说是回去拿饭，估计回家捧个大碗还会再下来。

这时候我一扭头，正好与身后一个人打了个照面，再一看，竟是游小龙。

三

　　他看见我先是一愣，然后便做出很高兴的样子，上前道，作家，这是又过来找素材？

　　我就怕在小区门口碰到他，结果还是撞上了，有种莫名的心虚，感觉自己像做贼一样。我不自在地笑道，你才是作家，我就是出来瞎转悠，在家里快憋死了。只见他在家门口居然也像在办公室里一样，穿得一丝不苟，白衬衣扎在黑裤子里，戴着眼镜，皮鞋锃亮，站在一群黑压压的山民里显得有些格格不入。我惊叹道，小龙啊，你怎么在家里还穿得这么正式？他正色说，慎独是一个人对自己起码的道德要求，在有人的地方和没人的地方都是一样的。说完，他忽然上前一步，笑着拍了一下我的肩膀，问道，建新，你到底想找什么样的素材？不能透露一下？我看我能不能帮上你，这小区其实就是我们村，那门房就是村委会，村里的事情我基本都知道。

他的动作来得很突兀，还有几分狎昵的感觉，我感觉到，这狎昵的下面隐隐藏着些紧张。和他的眼睛对视了几秒钟之后，我下定决心要试探他一下，看看他的反应如何。于是我悄声说，你听说过这个事没，前段时间有人在山上被杀了，死的是我小学同学，叫杜迎春，因为被毁尸灭迹，一直也破不了案。我听说她死前还处着一个男朋友，好像就住在你们这个小区，我就想着能不能找到这个人，看他是不是知道些关于杜迎春的事情。

他脸色倏地一变，十分震惊地问道，居然有这种事？我冷静地看着他，他表现得过于惊讶了些，但也许他自己并没有感觉到。再者，就在一个馒头大的县城里，怎么可能完全没有听说过此事。顿了一顿，他又补充道，像这种杀人案，被杀的还是女人，大概不是为情就是为钱，写到小说里是不是有点低级？我说，我写的东西本来就不高级。他便微笑着，又拍了拍我的肩膀，说，这个我真帮不了你，不过也好办，你就多过来几趟嘛，说不定就有了什么重要发现。一听这话，我连忙解释，我又不是公安局来破案的，你也知道，我就是找点小说素材。他笑着点点头，当然，我也是读过不少小说的人，小说就是一种虚构的艺术。

我正要走却又被他拦住，说既然都到中午了，就顺便去他家吃个午饭，顺便认认门。我推辞了一番，他忽然打断我，不容置疑地说，我们好歹也是故人一场，何必这么客气。我只好答应下来，但心中却有些忐忑不安，毕竟，我之前从未走进过这个小区。他又顾盼着左右说，等一下，我把我妈也叫上，午饭我已经做好了，本来是下来叫她吃饭的。

他带着那个大眼睛的女哑巴走到了我面前，很郑重地向我介绍道，这是我母亲。然后向女哑巴打了个手势，女哑巴偷偷看了我一眼，也用手势和他说着话。周围忽然静下来，只有他们的手势上下翻飞，这使他们看起来像某种鸟或昆虫，扇动着翅膀，轻盈异常。当他再次转向我时，已收起翅膀降落下来，忽然间又有了声音，我母亲很欢迎你去我家做客，粗茶淡饭，还请你不要介意。

小区里十分简陋，几栋灰色的楼房，一只破败的水泥凉亭，里面堆满了老人们捡来的破烂。他家是六十多平方米的两室一厅，简单地装修过，摆着几件劣质家具，一只柜子上摆着各种颜色的玻璃瓶。白色的地板干净极了，像湖泊一样，能映出我们瑟瑟的倒影。两间卧室，一间敞着门，一间关着门，那扇紧紧关着的门看起来有些神秘，我也不好多问。只见母子二人又用手语讲了半天话，屋子里安静得有些吓人，又因为上下翻飞的手语，感觉屋里好像站满了人影，透明的没有面目的人影。我心里还是有些不安，悄悄朝那扇关着的门看了几眼。

女哑巴凑到我面前，抬起眼睛，怯怯地仔细地看着我，我猜测她可能是在看我的眼镜，因为我记得她特别喜欢亮晶晶的东西。她仔细看了我一会儿，忽然咧开嘴对我笑了一下，然后指了指自己的嘴巴，又指了指门，便从那扇门里跑出去了，连一点脚步声都没有。游小龙一边给我倒水，一边说，来，喝点水，我先给你解释一下，这也是山地文化的一部分。因为闭塞，山村里近亲结婚的就多，所以哪个村都有几个傻子，傻子们最是自由自在，经常从一个村窜到另一个村，山民们一般以大足底的傻子，大游底的傻子，这样来区分他们。又因为山里医疗条件不行，所以哪个村都有一两个脑膜炎留下的哑巴或聋子，聋子听不见，最后也会变成哑巴，我母亲就属于这类。

我不知道他居然是被一个哑巴母亲带大的，难怪他从前话那么少，但现在忽然又变得话这么多，好像在恶狠狠地补偿自己的过去。我一时不知道该说什么，只是局促地坐着。他又说，你喝点水啊，给你加了蜂蜜，山里的野蜂蜜。我便拿起杯子喝了一口水，听到自己喝水的声音极大，轰隆隆地回荡在客厅里，竟把自己吓了一跳。我说，好喝。我们又沉默了片刻，我再次朝着那扇门悄悄看了一眼，我感觉那门后一定藏着什么。他忽然很客气地说，如果你不介意的话，我们就开始吃午饭吧，你有没有什么忌口的？

我有些厌恶他过度的礼貌，连忙摆手道，没有没有，我这人糙得很，吃什么都行。他坐在椅子上，叉着两只手，字正腔圆地说，在吃饭前，我还是先给你解释一下山民们的饮食文化，我也是后来想明白的，到底什么是文化，其实衣食住行都是文化。土豆是山地文化的重要象征符号，已经远远脱离了食物的范围，只要家里还有土豆，山民们心里就无所畏惧。土豆也是山民们一年四季的主要食物，从山上搬到平原上之后，山民们的吃食仍然保持着山上的习惯。山民们可以把土豆做出几百种花样都不止，而且一天都离不了土豆，基本上是顿顿要吃土豆，今天中午我们吃炒"恶"，其实"恶"也是用土豆做成的一种食物，来到山民家里就入乡随俗，就是不知你能不能吃得惯。

我忙说，可以可以。他端上来两碗所谓的"恶"，我一看，原来就是把土豆淀粉蒸熟切成块，又和青红辣椒炒到了一起，便笑着说，看着倒也普通，只是这名字起得怪凶。他做了个请的姿势，道，山民们一向把有本事有能耐的人称为"恶"，把这食物也取名为"恶"，估计是因为当年刚发明出来的时候给了山民们不少惊喜。

我想，他确实和从前不同了，从前他最怕别人提到山民二字，现在却是一口一个把山民挂在嘴上，唯恐别人不知道他是山民。

这时候，女哑巴推门进来了，手里拎着豆腐干和猪头肉。她把两样吃食切了盛到盘子里，推到我面前，一边无声地笑一边指着我的嘴巴，她居然还朝我做了个鬼脸。游小龙抱歉地说，哑巴不会说话，面部表情就比常人丰富些，她觉得你是客人，所以一定要出去买两个菜来招待你，不过这猪头肉实在是粗陋了些，上不了台面，你不吃就是。我忙说，哪里，我从小就爱吃卤猪头肉。

他起身从厨房取出一瓶酒，两只酒杯，把酒倒上。我叹道，你现在酒量真是了得啊。他扬起一只嘴角笑了笑，人总要为自己找一些小情趣的，不然人生该多难熬，你看古人多有情致，松花酿酒，春水煎茶，或是，绿蚁新醅酒，红泥小火炉。

我心中越发诧异，不知道这十年时间里他究竟遇到过什么事，才变成了这样。我很快把一碗"恶"吃完，放下碗筷赶紧说，好吃好吃。他微微笑着，一副很宽容的样子，过了半天才说了一句，建新，你现在故意把自己弄得这么糙，大概也是一种对自己的保护吧。我一愣，不知该说什么。屋子里始终有种阴沉沉的感觉，为打破沉默，我只好又找话说，你这几年工作还顺利吧？他只用一句轻飘飘的话就把我打发了，在这种小地方还想怎样，混日子而已。我说，在大地方也一样，混日子而已。

他和我碰了碰杯，又一口喝了下去。他喝酒不上脸，相反，越喝脸越白，到最后简直变成了雪白，像化了妆，有点瘆人。这时他像想起了什么，又笑着对我说，建新，你是出了几本书，不过你那几本书真不值得我羡慕，我唯一羡慕你的一点，你猜是什么？你这个人倒是为自己活着的，不像我。

我反复揣摩着他的最后一句话，觉得他可能正在暗示我什么。他想暗示我什么？我又悄悄打量着周围，那扇门还是紧紧地关着，里面静悄悄的。女哑巴不时从厨房里游弋出来看看我们，再游进去。因为她一点声息都没有，她在的时候也很难感觉到她的存在，只能感觉到她的两只眼睛，像鱼一样静静游弋在我们周围。

就在这时候，那扇紧闭的门忽然从里面被打开了，一个人蓬着头发走了出来。那间卧室里还拉着窗帘，光线昏暗，散发着浑浊的味道。这个人看起来就像刚从一只山洞里爬出来的，衣衫不整，穿着一双缝补过的拖鞋，针脚粗大。我看了他一眼，忽然大吃一惊，我看到另一个游小龙从那间卧室里走了出来，简直像一个魔术。我连忙扭头朝那张椅子上一看，游小龙还好端端地坐在那里。我忽然明白过来，游小龙居然有个双胞胎兄弟。

我想起上小学的时候，班里就有一对双胞胎兄弟。那时候我刚刚当上小队长，急于行使一下自己的权力。排队的时候，那个双胞胎哥哥在前面说话，我刚过去制止了，那个弟弟又在后面说话，我又跑过去制止他说话，然后那个哥哥又在前面说话。到最后我已经分不清哪个是哥哥哪个是弟弟，我感觉他们其实是一个人，一个会变魔术的人，一个可以分身的巫师。所以双胞胎一直给我一种很鬼魅的感觉，就像一个人的倒影居然也慢慢地长出了肉身，变成了一个真人。

那人看到我先是一愣，然后便对着我羞涩地笑了一下，算是打过了招呼。从外貌上看，他和游小龙几乎没有区别，身高也差不多，只是可能长期不见阳光的缘故，脸色白得吓人。笑起来也怯生生的，不敢多与人直视，他遇到我的目光便慌忙避开，好像他做错了什么事，随时都会有人对他兴师问罪。他好像也不敢与游小龙说话，只是漫无目的地在客厅里来回走动着，走到窗前看了看外面，又像被阳光刺了眼睛，跌跌撞撞地弹了回来。

他站在那里忽然不动了，好像不知道自己接下来要干什么。他空洞地朝周围看了一圈，没有坐到椅子上，也没有坐到沙发上，而是坐在了沙发旁边的一张小板凳上。他把自己尽量埋在那个角落里，低下头，用手挠着头发，一句话都不说。这时候女哑巴又从厨房里游弋了出来，端着一碗"恶"，送到他手边，一边飞快地打着手势。他也不回应，只是呆呆看着她的手势，嘴角挂着一缕可怖的笑容。过了半天，他终于端起碗来，心不在焉地吃了两口，又轻轻把碗放下了。他整个人看起来呈一种梦游的状态，松散薄脆，随时都可能从这屋里消失掉。

游小龙一声不吭，我也不敢说话，屋里横着铁一般的寂静，只有女哑巴的手势上下翻飞，我猜测她正在劝她那个儿子吃饭。忽听见一个声音轰地从什么地方炸响，管他干什么？他不想吃就让他饿死，多大的人了，还一觉睡到大晌午。

我半天才反应过来，竟然是游小龙的声音。我悄悄扭脸一看，他一反常态，脸色铁青，鼓着眼睛，正对着那板凳上的人咬牙切齿。女哑巴看起来很着急的样子，拼命打着眼花缭乱的手势，她身上好像一下长出了很多只手，蜈蚣似的乱舞着。那坐在板凳上的人不动，也不还口，看起来像游小龙沉在水底的倒影，阴沉模糊，不可触摸。游小龙对他咬牙切齿说话的时候，就像他正对着自己的影子自言自语。整个屋子变得十分诡异，

41

女哑巴的手语却轻盈异常，如水草飘摇。

过了好一会儿，那阴沉的倒影才慢慢抬起头来，他翻起眼睛，对着游小龙那个方向笑了一下，笑得十分卖力，有些讨好的味道，笑完又慢慢把头埋了下去。游小龙似乎更被这个笑容激怒了，放低声音却依然愤愤地说了一句，活成这样还有什么意思。那倒影不知听到这句话没有，我看到他还坐在那里呆呆微笑着，好像正对着那碗饭微笑。他母亲一直用手势劝他，他便用两只手又捧起了饭碗，盯着碗里看了半天，并没有送到嘴边，却忽然一松手，把一碗饭扔到了地上。他低声说了一句，我不饿。声音居然也和游小龙一样。然后，他站起来，拖着两只拖鞋，像受伤了一样，脚步踉跄地又回到了那间卧室，那扇门又悄无声息地合上了。

像是过了很久很久，才听见游小龙在我耳边说了一句，真是抱歉，我今天有点喝多了，言多必失，请你不要见怪。我忙说，你说什么了？我怎么一句都不记得，我喝得比你还多。

离开大足底小区的时候，我暗暗松了一口气。在回家的路上，我脑子里一直盘旋着游小龙和他的双胞胎兄弟，他那个兄弟一副蓬头垢面的样子，看起来已经在家里窝了不短时间了，估计连下楼都很少。也就是说，他可能正处于一种藏匿的状态。想到藏匿这个词，我猛地打了个激灵，这个时候他为什么要藏匿起来，他会不会和杜迎春的案子有关？我又想到游小龙对他的态度，分明是对他有些嫌恶的，亲人之间不应如此，除非他真的有什么大过在身，且连累了亲人。可关键是，既然家里藏着这样一个人，游小龙又为什么要请我到他家里呢，我甚至怀疑，他是故意要让我看到他那个双胞胎兄弟的，这又是为什么？

我再次来到游小龙的办公室里。花瓶里的丁香已经换成了海棠，海棠有一种宋词里才有的香软和娇媚，游小龙独坐在花下，依然边写边喝酒。我进来的时候，他看起来已经喝了不少了，脸色煞白，没有一点血色，再加上过度整洁的衣服，整个人散发着石像的清冷之气，眼睛里却静静地燃烧着。他看到我进来了，好像很是高兴，一把将我拉过去，摁在桌子旁，让我看他刚写的几段话。

阳关山上的鸟儿也有很多。个头小的有百灵、布谷、乌鸦、喜鹊；个头大的有鹰、隼、鸮、雕、鹫之类的猛禽；还有个头不小但其实属于弱势群体的褐马鸡。这些鸟儿里面有留鸟，有候鸟，还有旅鸟，留鸟就是一直住在本地的鸟，从不搬家，比如乌鸦。候鸟是要每年南北迁徙的，比如赤颈冬。旅鸟则像旅客一样，只是路过一下，行迹潇洒，比如天鹅和鸳鸯。

鸟儿们的迁徙主要靠星辰引导，还要靠月光、山川、地磁等。有星辰在头顶，它们就不会迷失方向，甚至可以飞过茫茫大洋。乌鸦是一种非常聪明的鸟，智商很高，和三四岁的小孩子差不多，乌鸦喝水的故事也是真的。松鸦，山民们管它叫"山和尚"，模仿能力超强，特别喜欢模仿猫叫、狗叫、小孩哭，简直像个相声演员。还特别喜欢藏东西，这里藏一点，那里藏一点，有时候藏多了，自己就忘了。星鸦也喜欢藏东西，把辛辛苦苦找来的种子藏起来，后来自己便忘了，结果那种子发了芽，长成了树，星鸦心里还奇怪，怎么这里忽然又长出一棵树？杨树上那种整洁的大鸟窝一般都是喜鹊的，有时候蛇会偷吃喜鹊的蛋，吃了蛋的蛇是走不动的，它还得把自己盘到石头上，把里面的蛋慢慢磨碎，喜鹊两口子一旦发现了，冲下来就啄它，直到啄死为止。

鸮就是猫头鹰，最大型的猫头鹰叫雕鸮，有一米多高，两只铜铃大眼像灯泡，如果半夜碰到还是很吓人的。鸮是夜行动物，白天睡觉的时候一只眼睁着，一只眼闭着，因为它们的左右大脑是分开休息的。猫头鹰飞得不快，飞起来没有一点声音，它们喜欢坐在树枝上守株待兔，猛地一看，真的像只大猫坐在树枝上。人们以为它们只吃老鼠，其实猫头鹰还经常到河里捉鱼吃。

隼被山民叫作兔虎，鵟则被山民叫作飞花豹，山民就这样，喜欢给这些猛禽起些极威风的外号。猛禽们飞的时候为了节省体力，经常只在天空里滑翔，看起来十分优雅。

实在没有比褐马鸡更奇葩的鸟儿了，它长得很漂亮，尤其是耳边戴着两只白翎毛，简直像个唱戏的武将。但它其实是一种很弱势很笨的鸟，智商不高。褐马鸡白天只敢在油松下活动，不会走远，晚上它们会跳上油松和松鸦一起睡觉。褐马鸡到了晚上视力很差，所以只要上了树，就是树下敲锣打鼓放鞭炮它也不管，还在上面稳稳地睡觉；就是在它旁边杀了它的同伴，血流成河，它也假装不知道，还在那里一动不动地睡觉。

我默默看了两遍，然后把本子轻轻推到一边。我把两只手叉在一起，放开，又叉在一起，反复几次，才终于说，小龙，还有很多比写作更重要的事情。我不知道你还有个双胞胎兄弟，和你长得真像，是你哥哥还是弟弟？他把鼻子凑到海棠旁边闻了闻，兴奋地说，写完鸟儿我还要写植物，我要给山里的每一种花都写一首诗，没有人比我更了解它们。我打断了他，我说，他是你的双胞胎兄弟，你不应该那样对待他的。

他好像真的喝多了，企在椅子上，白着一张脸，笑嘻嘻地说，今天翻古书时看到一段话，极美，记载了你们这个县城在古代的风雅，是你们的县城，不是我们山民们的，阳关山才是我们的。当年士大夫们月夜泛舟却波湖，酒阑月皎，兴复不浅，缓步而至湖滨。当时月光如昼，湖风吹衣，钟声塔火隐隐波际，扣舷而歌，水之中，有离相寺，后峰石塔，左右则真武，圣母诸庙。绿荫浓处，时眺城北，群山隐入湖际。

我再次打断了他，我说，你不应该那样对待他，他毕竟是你的兄弟。

他伸手抓起一支毛笔，蘸了蘸水，在桌面上龙飞凤舞地写了一个"缘"字。写完把笔一扔，忽然又笑着对我说，世间万事万物都讲一个缘字，我们还能见面，说明十年前的缘分未尽；亲人之间也是这样，缘分尽了，他就会离你而去，从此以后你再也再也找不到他。我们这样边喝酒边聊天，什么目的都没有，你觉得像不像魏晋时代的清谈？士人们挑选一个清幽之地，或是山水之畔，或是杏花飞雪，或是月下荷风，通宵达旦地争论关于理想人格的问题，他们争论的居然都是关于理想人格的问题，多好啊。我真是倾慕他们，闭门视书，累月不出，或登山水，经日忘归。

我有些担忧地看着他，说，你每天都要这样喝酒吗？这样下去会有酒瘾的。

他一边背着手来回踱步一边笑着说，怕什么，阮籍与王安丰常从妇饮酒，阮醉，便眠其妇侧，何其有风度。踱了几圈，他忽然站到我面前不动了，我才发现他满脸都是泪水。他说，建新，我承认我是有些酒瘾了，我喜欢喝酒的感觉，因为我无处可去。我早已经承认我在这世上是个没什么用的人，不怕你笑，我时常想着能躲到什么地方去，每日吟诗赏花喝酒，身上若能有一点点清华之气，也算抵消这半世的不堪了。可是你说又能躲到哪里去，我们连家乡都回不去了，只能在梦里回去。

所以我就想着，如果能写出点什么，我这一生多少也算有了一点意义。

我用一只手绞着另一只手，犹豫了一番才试探道，小龙，你是不是遇到什么难事了？

可他已经迅速收起眼泪，整理了一下衣襟，倨傲地说，真是抱歉，我又有点喝多了，失态了。我们是故人了，我便实话和你说，从我来到县城上高中的那天起，我就知道，平原上的人看不起山民，觉得山民粗陋野蛮不文明。所以从那时候起，我就天天要求自己，要文雅要有礼貌，一定要给自己创造出一个理想的人格。不怕你笑，这么多年了，我每一天都是这么要求自己的。

我说，我知道。

他忽然扭过脸来看着我，你肯定还记得吧，那年我们一起下乡的时候，我拿了会议桌上一支圆珠笔。

我假装想了想，说，有这事？

他看着我微微笑了起来，说，你记性不会这么差吧，我拿了人家一支圆珠笔，第二天又送了回去，就是这样，我又送了回去，怎么可能不送回去？不然连我自己都看不起自己。今天我喝多了，就多给你提供点素材吧，愿意听吗？你肯定愿意听，因为你是作家。我一个月的工资是三千两百块钱，当然，以前还没这么多。靠这点工资，我不仅要养着自己的母亲，还要养着自己的弟弟，游小虎只比我晚出生了一分钟，我就是他的兄长。和你说句实话，他是我最恨的人，也是我最怜悯的人。早在我们上初中的时候，我们就没有父亲了，家里只能供一个孩子继续上学，后来我去上学，他留在山里。是我亏欠了他，这一点，我知道，他也知道，所以还在我贷款读大学的时候，他就隔三岔五问我要零花钱，我自己省吃俭用，每天吃馒头，省下钱来给他，一百，两百。等我工作以后，更是这样，今天要钱，明天要钱。后来我们整村都搬下来了，他也下山了，结果下山之后，诱惑太多，挣不来钱还总想挣大钱，他很快就迷上了赌博。有时候我特别恨他，也会骂他，可是骂完就后悔，作为补偿，我就给他更多的钱，一次又一次帮他还赌债，帮他还高利贷。我已经习惯了，我所有的东西都不是我自己的，都要分给他一半，不管是什么，不然我良心上会过不去，会觉得欠了他。我时常假设，如果当年留在山上的是我呢？你说我怎么可能不管他？我自己只能节俭再节俭，自己少花点少用点，买什么都买最便宜的。我每次吃到什么好吃的东西，心里就会难过，因为我母亲和弟弟吃不到。有时候为了省钱，给他们买了太便宜的东西，我又会后悔，会痛恨自己如此自私，然后会花更多的钱重新再买一个好的。实话告诉你，我到现在还欠着几笔债，都是为游小虎还高利贷的时候借的。不怕你笑，游小虎倒是经常发誓，发誓再不赌了，不过他发过的每一次誓都是假的。都是假的。其实我早就把他看透了，看得透透的，可就算是这样，我又怎么能不管他？你说，除了我，这世上还有谁会管他？

我呆坐在那里，半天说不出一句话来。他却又笑着说，这素材怎么样？建新，你好歹是个作家，你把我们这些山民都写进去吧，把我和游小虎也都写进去，我希望你把我们都写进去。

我骇然看着他，他顿了顿，又淡淡说，对了，你不是问过我为什么还不成家吗，那我也告诉你，在这县城里我们只有一套楼房，也就是说，在我和我弟弟之间，只可能有一个人结婚。

晚上，母亲早已经睡下了，我又失眠了，便干脆爬起来，独自在院子里一边抽烟一边徘徊。院子里种的豌豆和丝瓜已经开花了，在深夜闻上去朴素而幽静。和出版社签的书稿眼看要到期限了，是这几年比较流行的罪案题材，我却迟迟动不了笔，因为没有找到一个合适的素材。月光下，我再一次开始考虑这个小说，我已经让杜迎春做了这小说中的主人公，她在小说中会再死一次，只是，这杀她的人又会是谁？

月光到了后半夜才渐渐盛大起来，周围却已是阒寂无声，好像整个世界里出没的都是月光。房屋和桃树沉没在阴影中，一动不动，植物的叶子却反射着温柔的银光。失眠的夜晚，我经常一个人看着万物渐渐沉入黑暗，又一个人看着它们从巨大的黑暗中慢慢浮出来。那感觉，就像一个人守着一个浩瀚孤寂的星球。

我又点上一根烟，深深吸了一大口。我再次想到了游小龙，没想到游小龙有这样一个家庭，可他为什么要把他弟弟的事情告诉我呢，这样的家事，不算光彩，他完全可以不告诉我，也不符合他的性格，这其中肯定有什么原因。他口口声声说要给我提供素材，也让我觉得很是不安，仿佛他暗中设下了什么圈套。

我一边徘徊一边细细琢磨他说过的那些话，我所有的东西都不是我自己的，都要分给他一半，不管是什么，不然我良心上就会过不去，会觉得欠了他。

我猛地停住，心里不知什么地方忽然一凛，什么都要分给他一半。什么，都要分给他，一半。包括房子，甚至女友？是的，对于任何人来说，要在一开始区分清楚一对双胞胎都是困难的，对于杜迎春来说，也是如此。而她曾在微信里对我说起过，她现在的男友性格有些反复无常。会不会是，她所说的男友其实根本就不是同一个人，他们是一对双胞胎，只是她把他们误当成了同一个人。我又想起今天白天见到的游小虎，他明显正处于一种藏匿状态，会不会他就是那个凶手？可是，如果游小龙兄弟真的与杜迎春的案子有关系的话，他又为什么要对我说这么多？为了替自己开脱？但我只是一个作家，并不是警察，他心里也很清楚这点。最关键的是，他为什么还要让我把这些写到小说里去？

我想起我的一个作家朋友，被他一个熟人告到了法庭，因为他把熟人的部分形象写到了小说里，还给主人公虚构了一个出入过风月场所的情节。结果熟人被同事举报了，理由是嫖娼，证据就是他的小说。小说何时有了这等伟大功能？

四

这天，来大足底小区之前，我特意买了两包芙蓉王装在身上，随时准备着给他们打烟。走到小区门口的时候，听到传达室屋顶上的大喇叭正在广播，啊喂，游起明家刚刚杀了一头猪呵，要买猪肉的村民快快去买，快快去买，迟些就没了呵。

有一队人马正在小区门口的空地上扭伞头秧歌，领队的正是那个八十八岁的老汉，戴着墨镜，鬓角插着一朵红花，嘴里吹着哨子，举着一把五颜六色的花伞。后面跟着十几个男男女女，每人手里舞着一把扇子，队伍呈蛇形，正逶迤向前。我悄悄坐在了墙根处，和众人一起观看秧歌。

艳丽的花伞像一只巨大的热气球，正在徐徐飞向空中，那队人马像是都乘坐在热气球上，脚步轻盈，一起离开了地面。见他们跳得那么起劲，我猜测还有一个原因，这也算是一种山地文化对平原文化的挑衅吧。可以想见，山民们迁徙到平原上之后，还是必然要经过一个痛苦的过程。伞头秧歌是一种山地特产，大山的封闭性导致了山民们对一切鲜艳颜色的嗜好，伞头秧歌更是艳丽之极。我曾见过更正宗的伞头秧歌，男女老少都在头上戴着大红花，脸上抹着胭脂，手里舞着葱绿色和水红色的扇子，凡他们走过的地方，颜色的洇迹都会滞留在空气里，久久不散。

大概是跳累了，不断有人从蛇尾巴上掉下来，最后渐渐地只剩下了那个打着花伞的老汉。他全然不顾身后还有没有人，继续扭着秧歌，表情庄重，用力吹着哨子，花伞上缀着的亮片在阳光下闪闪发光，看起来就像一只刚刚被砍下来的诡异蛇头，还能独自扭动，竟然有了几分悲壮恐怖的意味。

我有心劝他歇一歇，毕竟年龄大了，但见周围的人都看得津津有味，便也不好开口。事实上，在这群山民里，对我最友好的就是这个老汉了。正是他给我讲了不少关于山民的事情。我想他愿意和我说话，也许是因为他很孤单。我只知道他老伴已经走了十多年了，有两个儿子也住在这个小区里，分到的都是六十多平方米的户型。这个小区里的大部分人对陌生人是排斥的，我猜测，这种排斥里多少还带一点恐惧的成分。

来的次数多了，我对这些山民也渐渐了解了一些。下山之后，山民们首先是觉得不自在了，以前整座阳关山都像是自己家的，上山下沟，随便抬抬腿就是二十里山路，根本刹不住。

山民把出门一趟称作是"刮"，倒是形象，"刮出去刮进来"，像风的动作。山里的野果、蘑菇、木耳、药材随便采，就连狍子、香獐、野猪也像是自己家的，肉虽然长在它们身上，但可以随便捉了吃啊。祖祖辈辈喝着山里的泉水，世上居然还有水费之说？笑话。想去谁家串门了，一脚踢开门就进去了，进去往炕上一躺，连鞋都不用脱。正巧人家在炸油糕，那就再好不过了，人家炸一个他吃一个。想去下地就扛着锄头去地里挥舞一番，不想下地就眯着眼睛去晒太阳。山民们都喜欢在冬天给自己寻觅一块称心如意的"阳阳坡"，日光充足煦暖，可以在那块风水宝地上一躺一天，不吃不动地晒太阳，类似于光合作用。

下山之后，山民们被关在几十平方米的鸽子笼里，去串个门居然还得脱鞋。在山上的时候，因为见人太少，一旦有人去走亲戚，还脱鞋？那真是恨不得把心都掏出来煮了给人家吃。人家晚上要走，死活不让走，全家哭着拖住胳膊，硬是要留人家住一宿。在山里蘑菇多得连猪都不吃，现在一朵蘑菇都要花钱买。老汉说他就想不通，蘑菇不就是山上野生出来的吗？还要掏钱买？

因为串门不再方便，"饭市"便尤其显得重要。后来我才搞清楚，其实饭市就是一种山村的小型聚会，带有派对的性质。在山里的时候，一到饭点，男女老少都抱着大碗，纷纷聚在村头，蹲成一排，捧着碗，边吃边聊，这里就慢慢形成了一个饭市。没想到搬到山下之后，饭市不但没被取消，反而变得更为隆重了。一到午饭时间，就是住在六楼的，也要捧着一口碗，千里迢迢下来。大家自发聚在小区门口吃饭，聚成黑压压一片，有几次差点把警车招引过来。

刚刚下山那阵子，山民们还有点兴奋，像跑进戏场一般热闹。以前对于山民们来说，唱戏和放露天电影是两大娱乐，像过节一样重要。一个村一年到头就唱一次戏，还是敬神的，人是占神的便宜。所以，即使是听说三十里外的村子里要唱戏，全村人也要扑过去看一场戏。会骑自行车的骑着自行车，前面塞一个小孩，后面坐两个小孩，四个人摞成一摞，摇摇晃晃往过滚动。不会骑自行车的老人们抱着小板凳，带着干粮，上午就出发，迈着小脚挪三十里山路去看戏。戏场里人头攒动，好似过节，男人们抽着烟，女人们抱着葵花盘嗑瓜子，少女们看戏前特意洗了脸换了衣服，搽上香膏。看完戏还要连夜赶回去，走一夜的路，等走到家门口也差不多天亮了。

大家一开始觉得县城也像个戏场，比山上热闹多了。女人们在外面裹一层自己最好的衣服，里面破破烂烂倒没多大关系，这个叫"门台"，不管里面怎样，"门台"必须要立得住。小孩子们则欢呼雀跃，就想每天住到超市里，守着那些花花绿绿的零食，死活不愿出来。

时间一长，大家的兴奋劲儿慢慢就过去了。再加上自打下山之后，山民们就没地可种了。一些上了年纪的山民还对种地上瘾，没地可种了，浑身上下都难受，像得了什么怪病。这些老山民便在小区周围开垦了几块歪歪斜斜的菜地，勉强种种青菜萝卜，过过地瘾。山下也没有牛羊可养，生活成了个问题，只得到处找些零工来打。但山民们在山上不是种地就是放牛羊，大都没有什么技能，所以在山下只能找些最简单的粗活笨活来做，上了些年纪的人连这样的粗活笨活也找不到，只能靠捡破烂为生。他们也知道平原上的人们看不起山民，所以尽量离平原上的人们远远的。平原上的人们晚上跳广场舞的时候，他们就在旁边扭伞头秧歌，作为一种示威。

他们普遍觉得住楼房实在太寂寞了，解决寂寞还有个办法就是往出"刮"，尽量不在楼房里呆着。山民们在山里的时候，有一项消遣就是"站山"，往山上直愣愣一戳，什么也不干，袖着两只手，目光巡视四野，站在那高高的山上俯瞰一切，飞鸟从身边掠过，人可以站得和飞鸟一般高。或者去"赶山"，就像赶集一样，赶山的时候可以采蘑菇、野果、草药。还可以去"跑坡"，就是打猎。对于山民来说，山是用来"赶"和"跑"的，但现在没有山了，周围忽地变成了平原，所以山民们一开始都会患上平原综合征，整日觉得眩晕，太平坦了，平坦到了让人眩晕的地步。

我也渐渐了解了他们的生活规律，没活干的山民每天吃过早饭就开始下楼游荡，熬到中午，终于可以吃饭了。吃完饭，接着又下楼游荡，直至天黑。再不然就在县城里闲晃，拿出"赶山"的功夫，从南晃到北，从西晃到东，还有的步行十里地去观赏唯一的一趟火车经过旷野。女人们则喜欢潜伏进超市里，静悄悄地一呆一下午，她们从一堆葡萄干里细细拣出那些个头最大的，最后从八块钱一斤的葡萄干里硬生生地拣出了十五块钱一斤的货色。她们也并非就为了省那七块钱，主要是这种感觉类似于上了一天班之后的成就感，踏实，满足，手里小有收成，时间也得到了及时的利用。时间用不掉也是个大问题。

我发现山民们还有个特点，就是不把钱当钱，倒不是因为他们有钱，是因为他们对钱根本没概念。我猜测，可能是因为在山上的时候，买东西要靠进山的货郎或者去镇上赶集。赶集又不是天天赶，平时根本没地方花钱，吃的粮食和蔬菜又都是从地里长出来的，也不是花钱买来的。在山上，钱确实没有太大的用途，所以他们对钱没概念，只认莜麦和土豆。但下山之后，诱惑忽然就多了起来，见到什么想买什么，结果，很快就把手里的一点积蓄花光了，这才慢慢开始知道钱是什么。对钱的概念因为来得太猛烈太迅速，他们中的一部分人便寄希望于那些能够一夜暴富的方式，比如买彩票，再比如赌博。

我想到了游小龙的那个双胞胎弟弟，他应该就是这类山民了。我忽然又想起那天在游小龙家里，他把碗扔到地上的奇怪举动，游小龙为他付出了那么多，他为什么还要这么做呢？除非，除非他身上也有什么牺牲。我眼前又出现了他们长得一模一样的面孔，在某些时候，哥哥可以充当弟弟，弟弟也可以充当哥哥。会不会还有一种可能，最后杀害杜迎春的其实是游小

56

龙，而弟弟打算替哥哥去顶罪？

我对这兄弟俩越来越好奇。我决定去看看他们。

我专门挑了一个周末的下午，这样可以避免留在他家里吃饭。我从超市买了一箱牛奶和几样水果作为礼物，又买了一面亮晶晶的镜子，作为送给游小龙母亲的礼物。开门的正是游小龙，他依然穿得一丝不苟，白衬衣，黑裤子，白衬衣的下摆端端正正地扎在裤子里，好像正躲在家里开什么重要会议。他见是我，先是愣了一下，然后便很客气地请我进去。我说，我还是换个鞋吧。他连忙说，不必不必，作家光临，蓬荜生辉。我佯笑着说，再叫我作家，真要和你绝交了。说完又觉得两个人都显得有些刻意，反倒衬出了一种紧张。

我悄悄环顾了一下屋子里，两间卧室的门窗都开着，一阵穿堂风奔跑而过，里面不像藏着人，我有些微微地失望，把礼物摆在了桌子上。他一边给我倒蜂蜜水一边嗔怪道，你怎么越来越客气，以后哪敢再请你登门。我听出他语气里的故意亲狎，但因为本不是他擅长的，反倒显得生硬。一扭头，却发现游小龙的母亲正站在身后看着我笑，也不知道她是忽然从哪里冒出来的。我赶紧把镜子送给她，她把两只眼睛使劲贴在镜子上，左看右看，欢喜异常。一会儿又放下镜子，捧出一碗炒面豆来招待我。我知道面豆是山民们的一种吃食，就是把面团切成小块，拿黄土炒熟了，所以炒熟的面豆上还裹着一层黄土，我曾问过他们，有土在上面怎么吃？他们觉得很奇怪，黄土比什么都干净啊，世上还有比黄土更干净的东西？确实，他们就是身上哪里划伤了，也是抓一把烤过的黄土揾上去。

我拈起一颗面豆，笑着问游小龙，小虎今天不在家？他点点头，说话声音不大，好像勉强要压住里面的喜悦，他说，小虎出去上班了，他找了份工作，在玻璃厂烧玻璃；听他回来说，烧玻璃其实也挺有意思的，那么硬的玻璃也可以化为绕指柔，我哪天都想去试试。

我把那颗面豆慢慢啃掉了二分之一，又慢慢啃掉了四分之一。他见我不说话，便又轻声解释了一句，只要不赌了，就什么都好办了。他其实没有和我解释的必要，这样倒让我心里有些难过。我扭头看他，只见他正坐在桌子旁，把桌上的杯子拿起来左看右看，像是第一次见到这只杯子。被我这么一看，又连忙放下杯子，拈起一粒面豆，却并不吃，只是放在手里玩。

片刻之后，他像忽然想起了什么，站起来走到柜子前，从里面翻出一本相册，然后打开相册让我看。我注意到他翻相册的手竟然有些抖。里面有不少黑白老照片，大都是他和游小虎小时候的照片，鲜见长大之后的。其中有一张照片，他们兄弟俩大概只有四五岁，穿着一模一样的衣服，长得也一模一样，像一个模子里刻出来的两个小木偶人，正站在照相馆的木马前，看上去根本分不出哪个是他，哪个是游小虎。

他用手指抚摸着那张照片，忽然像个父亲一样，慈祥地笑了。他说，小时候很多人都分不清我俩谁是谁，总是叫错我们的名字，其实我们还是不一样的。他的脾气比我好，我的脾气其实并不好，我只是习惯压抑着自己。小时候他总被人欺负，我出去找他的时候，经常看见他正坐在地上哭。看见他哭的时候，我也难过，觉得是我自己正坐在那里哭，我就说，不要怕，我来救你了。我就替他出头打架。有一次我额头上长了几粒瘊子，听老人们讲，拿死人的骨头擦一擦，瘊子就自己掉了。我不敢去坟地里找骨头，有些害怕，却没想到，一会儿的工夫他就跑着回来了，手里抱着一大捧死人的骨头，像抱着一堆柴。他一个人跑到坟地里给我找骨头去了。有时候我就想，我们兄弟俩要是一辈子都不下山其实也挺好。

他慢慢合上相册，靠在了沙发上，一动不动地靠了好半天，好像正享受着某段时光。忽然又轻轻笑了几声，很缓慢很温柔地说，我们小时候经常一起去放牛，牛在河边吃草，我们就在草地上躺着晒太阳，到处是鸟叫和花香，还有河流叮叮咚咚的声音，身上带着一个馒头带着一块肉干，我们都是分了一起吃。有时候牛跑远了，我就支使他去追，他二话不说，爬起来就去追牛。小时候，我让他干什么他就去干什么，就像我的小仆人，因为他从小就没什么脑子，可他真的不算什么坏人。

他忽然停住，不肯再往下说了，只是坐在那里无声地笑着，笑着。我不愿再看他，扭脸看看周围，女哑巴正坐在离我们不远的板凳上绣花。因为发不出任何声音，她看上去不像是坐在那里，倒像是若有若无地荡漾在这屋子里，那些绣花在她手里正像莲花一样慢慢盛开在水面上。我想，像她这样听不见说不出其实也挺好，一辈子不知道可以埋藏起多少秘密。这么一想，又把自己吓了一跳，好像这六十多平方米的屋子里真的隐隐埋藏着什么秘密。

再一扭脸，忽见游小龙正抱着一只酒瓶子站在我面前，不知什么时候，他又把酒瓶抱出来了。他对我摇了摇瓶子，拘谨地笑着，下午没事吧，要是没事就一起喝两杯，现在不喝酒都不会说话了。我也觉得这屋里的空气有些紧张，像堵墙一样围在周围，便说，好，陪你喝两杯。几杯酒下去之后，他整个人开始变得松动起来，我注意到只要一喝酒，他那只小拇指就会悄悄翘起来，做出振翅欲飞的样子。他拿杯子向我举起，却不说话，眼睛里忽然变得亮晶晶的，过了好半天才说，建新，你觉不觉得，最理想的人格里必须要有牺牲精神，而且是为那些看不见的东西牺牲自己。

"牺牲"二字让我心里咯噔了一下，但我又害怕他要继续往下说什么。我连忙打断他，你觉得这次小虎说的是真话？

他像是没听见我说话，又自顾自地往下说，建新，你知道我为什么要给阳关山写一本书？对我们这些山民来说，尽管羡慕着城市文明和城里人的身份，但大山给我们的安全感其实更重要。对山民来说，大山是一种宗教般的存在，山上所有的鸟兽草木，所有的风俗习惯都是我们的避难所。可是，建新，告诉你吧，我也只能写写山上的鸟兽草木，别的我一个字都不能写，一个字都不能写。

我心里又是一怔，一个字都不能写？看来他确实是知晓真相的。我嘴里却说，小虎这次要是把自己的话当真了，我也替他高兴。

他忽然往后靠了靠，盯着我说，那你说耶稣基督是真的还是假的？只要他在你最难最苦的时候给了你一点希望，这就是真的。

窗外的天色已经开始转暗了，屋里渐渐多了一层幽冥之色，一动不动的家具也次第长出了阴影。后来，我们都有些喝多了，他喝着喝着便抱着我哭了起来，哭了片刻，忽然又一把推开我，在脸上抹了一把，很羞愧地说，真是抱歉，我又喝多了，失态了，失态了，还请你一定不要介意。我说，介意什么？然后，我也趁着醉意说，小龙，我也喝多了，你就当我说的是酒话，也不要介意。我记得你说过，你所有的东西，不管什么，都要分给小虎一半。可是你也不能不为自己打算吧，要是有一天你有了女朋友怎么办？

他似乎一愣，然而酒力载着他，这使他看起来并不笨重，甚至有些轻飘飘的。他先是对我笑了一下，而后忽然收起笑容，正色说，这不是我的命，我是不可能有女朋友的，以前没有，以后就更不会有了，我要是结婚了，我母亲和小虎住哪？我再给你提供点素材吧，想不想听？我曾有过一个情人，我知道这不道德，有损于理想人格，但她喜欢我，我也喜欢她，爱情有时候会悖于道德。她有家庭有孩子，我也不希望她和我结婚，可她后来居然真的离婚了，但我不能和她结婚，所以我们最后还是分手了。曾经拥有过就是最好的，你说是不是？

不知为什么，他每次说到要给我提供素材的时候，我心里都有些畏惧的感觉。就像站在一条大河边，看着水中的倒影，却分不清楚，岸上的世界和水下的世界，到底哪个是真实的，哪个又是幻影。

就在这个时候，我一扭头，忽然看到坐在一边的女哑巴抬起头看了我们一眼，她与我的目光短暂地对视了一下，便又重新低下头去。我心里却悚然一惊，因为，一个聋子是不会有那样的目光的。她一定是听到了什么才下意识地抬起头来。难道说，她其实根本就不是个聋子？

我离开大足底小区的时候，天已经黑透，小区里的那些窗户，像烟花一样，在夜色里逐渐绽放，带着一种旋生旋灭的空寂之感。我走了已经有一段路了，又忍不住回头望着那个小区。它看上去诡异、缥缈，就像栖息在旷野里的一个梦境。酒意还未完全散去，我坐在路边的石头上，慢慢抽了一根烟。在那部即将动笔的小说里，我该如何安排情节？游小龙说他曾和一个有夫之妇相爱过，却最终只能分手。而杜迎春的最后一个男友是个山民，而且是和他好上之后她才离的婚。看来，她最先认识的应该是游小龙，那么，最后一次和杜迎春上山的又该是谁？

是游小龙还是游小虎，还是另有其人？我又想起游小龙和我提到的那个词，"牺牲"，他不会平白无故提到这个词的。

直到烟头烫到手指的时候，我才意识到，自己正坐在路边虚构一段小说里的情节。可不知为什么，这种虚构却让我在黑暗中猛地打了一个寒战。

五

渐渐地，我发现这个小区里的老人都有一个共同的恐惧，那就是死后没有棺材的问题。本来，在山上的时候，他们都早早为自己备下了一口上好的柏木棺材，连寿衣也一起备好了。新做好的寿衣还要穿在身上左试右试，看哪里不合适再修改一番。有的棺材在屋里都摆放了十几年了，人还活得好好的，人没死的时候就把棺材先当家具用着，里面装粮食装被褥。老人们每日把棺材抚一遍，心里也觉得踏实，这辈子不管过得怎么样，死了好歹也是有个地方让自己睡的。现在倒好，因为楼房里没地方放一口棺材，所以下山的时候，棺材都当礼物送了亲戚，往后真是连死都不敢死了。

所以这个小区里的老人们有一个共同爱好，就是喜欢三五成群地去逛棺材店。县城的东关老街上聚集着好几家棺材店，都是清朝留下来的旧商铺，阴沉破败，没有窗户。站在门口往里一看，忍不住倒吸一口凉气，一大团深不见底的漆黑，好似一眼阴森的山洞。好容易等眼睛适应了黑暗，便看到几口漆黑的大棺材从山洞里隐隐浮现出来。他们喜欢一家一家地进去观摩比较，看式样看材质，还要询问老板最近生意怎么样。老板坐在棺材上，嘴角叼着一根烟，把胸脯一拍，自信地说，放你的心，什么店倒闭了我这店都倒不了，这来大个县城，哪天还不死他几个人？

但每次看到最后都是空手而归，县城里的棺材卖得太贵，一口棺材最少要两万块钱。八十八岁的老汉向我诉苦道，你说说，谁还能死得起？

我发现，这些老人们之所以不惧死亡，一方面是因为，他们期望能通过死亡的方式重返山林，他们如果死了，儿女们是要把他们埋葬回山里去的，他们终于又可以回去了。另一方面则是因为，他们都太孤独了，而死亡并不比孤独更可怕。那个八十八岁的老汉，几乎从早到晚都长在小区门口，比门口那只石狮子还要忠实。下雨的时候，他披件雨衣坐在那里，刮风的时候，他戴个帽子坐在那里。后来我才知道，因为两个儿子分到的房子都不是很大，一家人住得拥挤，儿媳也嫌弃，他便自愿一个人住到了地下室，一年四季都住在阴暗潮湿的地下室里。所以只要天上没下刀子，他都会从地底下钻出来，升到地面上吸收阳气。我说，老伯你为什么要在身上挂个铃铛啊？他不解地看着我，弄出点响动来嘛，有点响动多好，一个人连点声音都听不见，怪害怕的。

这小区里还有个老太太，一个人住在三十平方米的小房子里。她在山上时一直带着小孙子，下山之后，小孙子不和她住了，和他父母住到一起了。她太想念孙子了，又不敢老上门去找人家，就在每天半夜的时候，悄悄来到儿子家房门口，把放在门口的孙子的鞋拿起来，抱在怀里抱一会儿，有时候抱着抱着，就倚在门口睡着了。

还有个老人，看不出年龄，又高又瘦，身上总是披挂着一件不合身的西服，斗篷似的，顶着一头花白的头发，偏还是自来卷，看上去简直像一只苍老的狮子。听说这个老人也是独自居住。我每次见到他的时候，他都把自己杵在女人堆里，像兔子一样竖起两只耳朵，专心致志地听女人们说闲话。偶尔尖着嗓门应答几句，听上去总是兴奋异常。有时候还凑过去看女人们绣花，他低着头，使劲把自己那张脸和女人们的脸贴到一起，用一根过长的指头指点着别人绣花。女人们倒并不躲他，还有些把他当成姐妹的意思。有一次他悄悄走到一个虎背熊腰的女人身后，忽然伸手蒙住了那女人的眼睛，又尖着嗓门兴奋地喊，猜猜额是谁，你猜额是谁？那女人一使劲，便把他平展展地放在了地上。他躺在地上，半天起不来，却只是很受用地大笑。

我发现这个小区里有些三四十平方米的小房子，里面住的都是些已经在等死的孤独老人。

　　和这些老人们相比，小区里的年轻人则是另外一番气象，他们一旦下山就再也不想回去了。这天，我正在小区门口和一群老人闲坐着，有几个十七八岁的年轻人从小区里出来，个个穿着九分裤，露着一截脚踝，染着黄头发，嘴里叼着一根烟。他们看都不看那堆老人，前呼后拥地走到马路上打车，一辆出租停下了，他们呼啦一下全挤了进去，塞得满满的，然后出租车扬长而去。听老人们讲，自从他们村从山上搬到县城后，就出现了这样一群年轻人，因为学习成绩跟不上，又怕被人看不起，就自动辍学了。辍学之后又找不到正经事情做，便终日浪迹街头，有的开始赌博吸毒，有的欠了网贷还不起，急得爹妈要上吊。老人们忧心忡忡地看着这些年轻人远去。

　　"额们要还住在山上，如何能有这样的事？"

　　"现今山上连学校都撤了，候儿们迟早得下山。"

　　"看这些候儿们，门台倒是足得很，就是不成个气候，往后可如何活？"

　　"长得标致些那也算，你看人家金柱来了县城就找了个相好的，那女的养着金柱，还不是看金柱长得标致？那女的比他大十来岁，倒是有钱，还开着个什么公司。金柱的老婆晓得了这个事就去人家公司里闹，结果都没人朝理（搭理）她。那个兔头，难缠得很，就在人家公司里住下来了，睡在桌子上，没饭吃没水喝，身上就带了两块干馍馍。那兔头干渴得厉害，见柜子里摆着几瓶白酒，也不管好坏，打开一瓶就当水喝，边吃干馍馍边喝酒，两天就把人家柜子里的好酒都喝了个精光。"

"这样的好事能有几款？额们花的都是棺材本，反正也是等死了，这些候儿们日子长着呢，他们往后吃什么？"

"少聒噪吧，你手里一共攒下几个钱来？攒下的钱可要保存好，今年过清明的时候，额老婆想给她老子烧点纸钱，翻了半天翻出了额偷攒下的私房钱。她一边烧一边还拍着大腿叫唤，人家山下这假钱做得都比山上的好，像真的一样，上面还印着毛主席。"

"额是个善于总结的人，额得出了一个结论，今儿悄悄告诉你们吧，人活着就木啥意思。"

有个声音突然插进来说，你们晓得不晓得，五明家的那个二小子，就是那个欠了网贷的小子，十几天不回家了，哪里也寻不见，怕是死了呵。

另外一个声音压住了这个声音，不要和额说什么从网上买东西，什么是个网？你倒是告诉额，网在哪里？

那个声音有气无力地回了一句，网在天上。

又有一个声音悄悄钻了出来，死了也就死了，破不了案的，景裕苑那女的死了也有三个来月了吧，又如何？还不是破不了案……

我心里轰地响了一声，因为，杜迎春买的房子就在景裕苑。我连忙竖起耳朵，却见旁边的人用胳膊肘捅了他一下，用眼神指了指我，那人也看了我一眼，便忽然闭了嘴。

这时候我已经基本能确定，他们应该都是知道真相的人。我忽而又有一种恍惚感，这个凶手到底是我小说中的一个人物，还是一个真实存在的人物？

我站起来活动了一下腿脚，尽管我已经往这小区门口跑了这么多趟，还是能感觉到很多人始终是排斥我的。每次我一靠近他们，有的人就会躲开，还有的人用戒备的目光悄悄打量着我，我只假装不知道。我又厚着脸皮坐到了那几个晒太阳的老人旁边去，他们会对我稍微友好一些，尤其是那个八十八岁的老汉，一见我就大声打招呼，又过来啦？我讪讪地说，是呵，又过来了，主要是也没个走处。他拿烟枪在鞋底上磕了磕，得意地说，额一天都能刮出去十五里地，再刮回来，你一个后生家也出去刮嘛。我说，不能和你老人家比，我是真刮不动。他更得意了，说，额以前是跑坡的嘛，三两下就上到山顶了，这平地算个什么。我见他高兴，便往前凑了凑，小心问道，老伯，前段时间有个女的在山上被人杀了，这个事你听说过没？

端起的烟枪在半空中忽然停顿了一下，他用浑浊的眼睛看了我一眼，然后，又把目光挪到别处，默默地摇了摇头。

我只好闭嘴，跟着他把目光挪向远处。

这天，游小龙忽然给我打来电话，叫我晚上去他办公室一起喝酒。我推门进去的时候，发现里面居然没有开灯，各种干枯的花香混合在黑暗中，居然有一种误闯进中药铺的感觉，各种苦香寒香搅在一起，又有一种中世纪巫术的神秘感，仿佛一位巫师正坐在屋子中央提炼各种邪气的香料。

就着窗外流淌进来的月光，我隐约看到桌子后面一动不动地坐着一个人，身上沐着一层月光，像个正在入定的老僧。我伸手打开墙上的电灯开关，啪一声，月光隐退，游小龙从黑暗中静静浮了出来，随之浮出来的还有满屋子的干花。他把那些干枯的桃花、杏花、海棠、丁香挂在办公室的各个角落里。桌子上的梅瓶里插着一束尚未凋谢的黄刺玫。

我一边环顾四周一边说，你倒是有情趣，把办公室快弄成花店了，也没人说你？他坐在黄刺玫后面，雾蒙蒙地笑着，脸色雪白，估计已独自喝了不少酒。其实我倒愿意看他醉酒的样子，有一种古怪的庄严，很别扭，但是好玩，就好像他正站在剧场的追光灯里背诵着话剧台词。每次看到他咬文嚼字的样子，我虽然会替他感到些羞耻，但心里还是隐隐觉得感动。

他把桌上的本子推到我面前，说，这是文化馆，自然要有些情趣。建新，如果我们这辈子就这么赏花醉酒该多好啊。如晏殊的词，金风细细，叶叶梧桐坠，绿酒初尝人易醉，一枕小窗浓睡。紫薇朱槿花残，斜阳却照阑干。双燕欲归时节，银屏昨夜微寒。要能活在这词里，该多好啊。

我没理他，低头看那本子。

阳关山上漫山遍野最先开放的是桃花，那些粉色的云霞一团一团落在河边、山坡上、古墓边。春水是翠绿色的，真如碧玉一般，桃花站在岸边，红霞一般的倒影落在绿色的流水中。桃花谢了紧接着便是杏花，杏花谢了是梨花，梨花谢了是丁香花，丁香花谢了是黄刺玫，黄刺玫谢了是槐花，槐花谢了是灰栒子。

每一种花盛开的时候都是漫山遍野轰轰烈烈，所以阳关山在整个春天并不是绿色的，而是像变色龙一样在不停地变换颜色。在村子里一抬头就能看到，大山今天还是粉色的，过几天就变成了白色，再过一周又变成了紫色，再过一周又变成了黄色，简直像变魔术。直到入夏的时候才正式变成绿色，但也不是那种单一的绿色，是层层叠叠各种各样的绿色糅在一起。墨绿、翠绿、油绿、草绿、橄榄绿，简直像个杂货铺。

整个春天，村庄里都铺着一层厚厚的花瓣，像下了大雪一样，也没有人去扫，就由着它们几乎把村庄埋葬。到了夏天，就轮到绣线菊、黄芪、甘草、菖蒲、连翘、紫地丁开花了。波叶大黄喜欢和青蒿长在一起，开花的时候像挂满了小铃铛。石竹开花的时候，就像草丛里躺满了蓝色的笑脸。瞿麦的花开得像螃蟹，长出很多只手和脚。五铃花长得像蓝色的小鸟，白头翁的花谢了就会变出长长的白头发，在风中飘摇。草芍药是雪白的，金莲花是金色的，落新妇是紫色的，油瓶子的花一谢掉就会结出红色的玫瑰瓶儿，放进嘴里一咬，清脆可口。少花米口袋的花像牛角一样，歪头菜的花则是规规矩矩垂下一排。西伯利亚远志的花长着两只翅膀，夜开明合的花更有意思，雄花是紫红色的，雌花是黄绿色的。狼毒的花有白有黄有紫，狼毒是花中杀手，有什么虫子敢爬过来，它直接就把虫子杀掉了。其实照山白的毒性更大，嫩叶上有剧毒，但它的花看上去纯洁极了，白得像雪。

我合上本子的时候，他用一种很欢快的语气对我说，山上有意思不？先说定了，哪天我一定要带你上山去看看，不是我这个山民自吹，我觉得这世上真没有比阳关山更美的地方了。其实做个山民也挺好，可我年轻的时候就是不敢承认，你说可笑不可笑。

我说，等你写完了，真不找家出版社试试？他依然用那种过分欢快的语气说，绝不，我本来就不是写给人看的，我是写给山上那些鸟兽草木的。我永远不投稿，不投稿，就没有人会给我退稿。

我心里忽然有些难过，说，写出来的东西如果没有人看，其实也挺孤独的。

他轻轻笑了一声，依然用那种很夸张的欢快语气说，孤独怕什么，从来只有在那些最黑暗的地方，才能长出最珍贵的东西，那些出版的书就都是好书？

我连忙岔开话题，说，看你今天心情不错，是不是小虎彻底改好了？那要庆祝一下。

他笑着站起身来，在办公室里来回游荡着，不时把鼻子凑到那些干花跟前闻一闻，过了半天，才背着两只手，对着那些干花说，建新，你信星座吗？据说在星座上可以看到每个人的命运，你有没有看到过自己的命运？我挺想看看我和小虎的命运是什么样的，可我又对自己说，就算是看到了，又能如何。你说小虎啊，他拿到工资的当天就去赌了，赌了个通宵，把工资全输了进去，第二天为了把钱赢回来又去赌，结果欠了一笔债；于是第三天又去赌，他太想赢回来了，太想挣钱了。就这样不停地赌下去，不停地陷下去。他发过的每一次誓都是假的，所以我毫不奇怪，我真的一点都不奇怪；他要是忽然不说假话了，那才真正叫奇怪。实话和你说，这几年里，我唯一可以轻松的时候，就是在他刚刚发过誓之后的那个空隙里，因为他发誓的时候特别认真，看起来就像真的一样。不过我心里是清楚的，假的，都是假的，下一次终究还是要来的。这么一想，心里倒也踏实下来了，不骗你，真的就踏实下来了。

他最后一句话说得异常温柔，我有些不愿再听下去了，便拿起酒瓶，在两只杯子里都倒上酒，招呼他道，快，把我叫过来喝酒，你自己倒不喝了。他半天才应了一声，轻飘飘地游荡回来，呆呆拿起酒杯，脸上仍然蒙着一层笑容。我一边四下里翻找，一边问，有没有下酒的？我可不能和你比，总得有点下酒的才行。翻找了一圈竟翻出半包炒花生，我心想，他不是不用这些带壳的东西下酒嘛。我刚刚抓起一只花生要剥壳，只见他忽地站起来，抄起那半包花生就扔进了垃圾桶。我想拦下都来不及，只得把手里的花生也扔了，索性干喝了一大口酒。一抬头，他正静静坐在我面前，笑容像眼泪一样淌了一脸。

我说，没有下酒的，那咱就干喝吧。他起身走到门口把灯关了，又走到窗前看着外面的月色，轻声说，这些带皮壳的食物还是不够洁净，辜负了美酒和月光，其实，山间清风与林间明月就足以下酒。

我有些烦躁地制止他，小龙，你能不能活得稍微踏实一点。

他背对着我说，建新，你也看到了，我还是不够慎独，我还是会准备这些带壳的食物来偷偷下酒。这么多年里，我尽管一事无成，贫穷弱小，却一直以律己为自豪。可是最近，我感觉我确实没有能力去管束自己，就像我当年顺手拿了一支会议上用的圆珠笔。我没有能力去变成一个更理想的人，我拥有不了更理想的人格，就像我也管不住自己做梦。实话告诉你，这些年里，我时常做一个重复的梦，梦见游小虎又来问我要钱了，我在梦里充满恐惧。我对他说，你到底还有完没完？建新，你说，一个人到底有没有能力让自己变成一个更好的人？有时候我能感觉到自己正被什么东西拉着，拼命地往下坠落，和你说实话，我不止一次地希望他去死。你说我可怕不可怕？甚至有一次我气急了，居然脱口而出一句话，像你这样的人怎么还不去死？可你知道他说什么？他说，他要是哪天真打算去死了，也会先赚笔钱给我和母亲留下再死。

我呆坐在黑暗中，一句话都没有说，我觉得我应该安慰他点什么，可我就是一句话都说不出来。他仍然一动不动地背对着我，看着窗外的月光。干花的影子落在地上，枯瘦的花香如一群魂魄游荡在我们周围。我知道不应该这样的，可这时候我忽然又想起了杜迎春。我想起她死后，身上戴的一条金项链也被人拿走了，显然，这个凶手需要钱。小说里的那个凶手再次走了出来，面目模糊地站在这办公室的某个角落里，悄悄与我对视着。

游小龙还立在窗前一动不动地看着外面，从窗户里涌进来的月光和黄刺玫的幽香混合在一起，酿成了一种诡异肃杀的寂静。我为自己感到可耻，却还是忍不住在脑子里编织着小说情节。也许，最后一次和杜迎春上山的是游小虎，而杜迎春忽然认出他其实不是游小龙，所以发生了争执。游小虎失手杀死了杜迎春，杀人之后他拿走了她脖子里那条金项链，因为他需要钱。而游小龙为了救弟弟，会揽下所有的罪责，因为他已经做好了牺牲自己的准备。这只是一种也许，这世界上有无数种也许，像无数面镜子一样立在看不见的地方。

看着游小龙的背影，我又想，小说结尾还有一种可能，那个最后和杜迎春上山的人不是游小虎，而是游小龙，对方缠着要和他结婚，而他无法做到，争吵之下，他失手杀死了杜迎春。

而弟弟为了报恩，会把一切都揽到自己头上，他也许一直在找这样一个机会报答哥哥。正是因为他已经打算好要做一只替罪羊，所以那次才会把一碗饭忽然摔到地上，以表示自己的某种委屈。在必要的时候，他们会合二为一成同一个人，合并成同一张面孔。我上小学时候见过的那对双胞胎又在我眼前浮现了出来，我明明看到他站在队伍前面说话，怎么忽然间又在队伍最后面说话，等我走到后面，他却又神奇地在前面说话。那是我第一次在人的身上感觉到了幻影般鬼魅的力量。

只是，他为什么要让我知道这些？

这时，游小龙缓缓回过头来，背对着月光，看着我。他的脸沉在阴影里，冰凉模糊，我听到了他的声音，这声音却并不像在我的对面，更像是从我背后、从我侧面慢慢靠拢过来的，建新，我还有个秘密要告诉你。

又是秘密。我一动不敢动，有些畏惧地看着他。夜更深了些，越来越多的月光从窗户里涌进来，几乎要把我们淹没。

他说，我母亲其实不是哑巴，也不是聋子。我是后来发现这个秘密的。因为我不止一次听到过她在说梦话，说梦话的时候，她用的是四川话，她的家乡话。我也是长大后才知道的，她是被拐卖到大山里来的，因为大山里的男人们娶个老婆很不容易，实在娶不到老婆的，就从外地买一个回来。我母亲就是这样被买回来的，给兄弟俩做老婆。小时候我一直奇怪，为什么我们有一个爸爸，还要把叔叔叫小爸爸。我母亲跑过两次，都被捉了回来。一个外地人想跑出这大山去，几乎不可能。我猜测她就是从那个时候放弃了说话的权利，开始时可能是因为语言不通，为了赌气和斗争，到后来，她可能发现不说话其实也挺好的。在一个山村里，所有的傻子、疯子、哑巴、聋子都会受到特殊的照顾，他们会获得一种不同于正常人的生存权。而且把自己的家乡话藏起来之后，可能也会减少她的孤独感。到后来，她可能就真的忘记怎么说话了，可是一旦去了梦里，她就控制不了自己了。

我还是一动不敢动。一阵晚风吹进来，那些已经死亡的干花好像又轰然复活过来，吐出的花香与鲜花不同，仿佛来自很久远很依稀的古代，整间办公室里忽然有了几分庙宇里的神秘。我又听到他说，建新，这么多年里，我其实只在做一种努力，想从最贫贱的根子上长出一个高贵的人，是不是也挺有趣的？就像在自己身上做一种实验。我知道你能看到我身上那些不高贵的地方，用大足底的话来说，就是"没艳"。比如我开会时顺手拿了人家一支笔，比如我贪小便宜，少付了人家十块钱的车钱，比如我会骂自己的弟弟，像你这样的人怎么还不去死？那都是我根子里的东西。不怕你笑话，就算这样，我却一直向往着索福克勒斯悲剧里的那些人物，勇敢，骄傲，随时可以为某种看不见的东西去赴死。

我心中伤感，同时却发现自己不可救药地自私，此刻我脑子里想到的仍是我的小说，看来，小说中的哥哥为了弟弟，决定要承担一切了。那一刻，我忽然发现，我对自己有一种前所未有的厌恶。

他的声音又远远飘了过来，愈发神秘，你说我是不是很适合被写进小说里？事实上我们整个大足底都适合被写进小说里。你不是对那起山上的杀人案很有兴趣吗？我可以再告诉你一个秘密，但你不能告诉任何人，也不能报警，这个凶手其实就在大足底。

我大吃一惊。窗户里的月光清凉幽寂，又深不可测，像天地间绽开的另一扇门。在那一瞬间里，我已经彻底无法分清哪里是小说，哪里是现实了。

六

这个黄昏，我再次来到大足底小区门口。门口照例坐着一群黑压压的人。他们中间，有的人会看我一眼，有的人假装没看见我，有的人见我坐下便起身躲到一边。他们对任何一个大足底之外的人都是这般警惕。我搬了块砖头坐到墙角下听他们聊天。

我有时候也会问自己，为何要选择这样一种幽僻孤独的生活方式。在人群里，有时候觉得自己像个猥琐的偷窥者，有时候又觉得自己像个严谨的科学家，怀揣着一份隐秘的不为人知的尊严。就是在我最接近人群的时候，其实也被放逐在人群之外；然而，就是在那些离人群最远的地方，我却又奇异地走进了他们的最深最暗处。

夕阳即将沉入西边的群山，这个时候可以看到一天当中最壮丽最短暂的光线，而群山是深黛色的，像金属一样沉重坚硬。那群老人坐在墙根下，齐齐举头望着西边，他们的家乡就在那西边的群山里。如今看过去，却像是另外一个悬浮于他们之上的世界，和他们平行存在着，却永远都走不进去了。

"你老人家在山上的时候好歹也是个看病先生，现今如何跑去给厂子搬水泥了？"

"额就是个给牛接生的兽医，下了山连牛都没了，给谁接生去？有一次额去大塔村给牛接生，那老牛难产了，生不下来，额最后把小牛割成几块，一块一块地从老牛肚子里掏出来。还有一次，也是有头老牛难产，一白天一黑夜了，那小牛就是出不来，猜最后怎么？额用拖拉机拉住小牛的蹄子，开着拖拉机往出拽，才算把小牛从老牛肚子里拽了出来。"

"那老牛还能活？"

"死了，埋进自家坟地里了。"

"就是。牛肉如何能吃，牛死的时候哭得恓惶，如何下口？和吃自家的亲人一样。"

"转世投胎的时候千万不敢做牛，牛就是来这世上受苦的。有一回额给个母牛接生，连子宫都掉出来啦，一大堆，热乎乎的，再给塞回去，缝上几针，第二年还能接着生。"

"你老人家还是改成给人接生吧，城里没有牛，人总还是不缺的。"

"放屁，婆姨们难产了，能用拖拉机把候娃娃拽出来？额正白天黑夜盘算这款事情，在城里干什么不赔钱呢？"

"开个棺材店肯定赔不了，人总是要死的嘛。"

"少聒，额有个正经事情和你说。"

说话的男人扭过脸看了我一眼，忽然把话打住了。我识趣地站起来，在人堆里慢慢溜达着，心里有些悲伤，我只不过是想写出一个不错的小说而已，怎么被人当成特务一般。他们三三两两地聚在一起，声音有高有低，我像在起伏不平的气浪中穿行，想靠近他们，却又无法靠近。但是我能感觉得到，我离那个秘密已经越来越近了，我甚至都可以在一个瞬间里，忽然嗅到它身上散发出来的气息。这让我站在人群里有些兴奋，还有些恐惧。

几个女人正围在一起聊着什么，我慢慢在她们旁边游荡着，想听听她们聊的是什么。忽然，我呆住了，其中一个女人说的竟是四川口音，另一个女人开口了，居然也是。另外两个女人居然也都是。她们正在比较自己脚上的新鞋子，神情坦然闲适，看不到任何痛苦。我明白了，为了适应一个陌生的地方，她们被迫让自己长出了一身新的血肉，只是这语言，却如一层坚固的沉积岩留在最底下，无法腐朽，也无从掩饰。她们四个虽然扎在人堆里，穿着也与旁人无异，但看起来还是像一座漂来的岛屿，有萧瑟之感。我在旁边游荡的时候，她们中间有人警惕地看了我一眼，是一种年深日久的警惕。我只好从她们身边走开，再溜达到旁处。我深深吸了一口气，一个小山村里的秘密竟也如此之多。

前面有两个男人正坐在石墩上，相对坐着抽烟。一看有人在抽烟，我便从身上掏出烟盒，走过去殷勤地给他们打烟。走过去的时候，正听到那个年纪大一点的男人说了一句，怕是出汉奸了。我掏出两根烟递给他们，那个年轻一点的把烟接住了，并没有点上，而是别在了耳朵后面，然后咧开嘴对我笑了笑，一嘴牙龈肥大异常。那个年纪大的没有接烟，只是侧过脸来看了我一眼。

我这才发现他只有一只眼睛，里面的那只眼睛只剩下了一个黑洞，两只眼睛的目光全聚在一只眼睛里，那一只眼睛便显得过于锋利了些，闪着寒光。我打了个寒战，忍不住后退了几步。渐渐转暗的暮色盘旋在所有人的头顶，天地间的一切正朝着暗处撤退。我有些沮丧，想，今天算了，还是回家吧，眼看天也快要黑了。

我刚转身要走，忽听见背后有个声音把我叫住了，站住，你过来找谁？我扭头一看，正是那个独眼男人叫住了我，我忙说，不找谁，我就是过来玩的。他用一只眼睛狐疑地盯着我，盯了半天，说，你到底是干甚的，怎么老是见你在额们小区门口转悠。我一时说不出话来，我如果告诉他们我是一个作家来找素材，显得多少有些滑稽，编一个别的理由，我又一时想不出来，便吞吞吐吐地说，我真的什么都不干，就是闲得无聊，看你们这里人多，过来凑凑热闹。

他独眼里的狐疑却更深了，他牢牢盯着我，忽然问了一句，你是公安局的吧。他的话音落下之后，我才发现，不知从什么时候开始，我的身边和身后已经站满了人，所有的人都悄无声息地围拢了过来。

夜色从大地深处源源不断地生长出来，一切正加速向黑暗处坠落，在那一瞬间里，我忽然感到了害怕。我听见自己的声音开始变干变尖，我尖声喊道，我真的是过来玩的。独眼男人站了起来，慢慢向我走近了两步，仍然用一只独眼盯着我。我转身想跑，却发现自己已经被紧紧地收缩在了一口井里，抬起头来便能看到井口的夜色更深了。这时候我听到人群里有人说了一句，这人天每在额们小区门口坐着，不晓得是从哪来的，估计也不是什么正经人。又有人应了一句，早看他鬼鬼祟祟的，一看就不像什么好人。人群里又有人吼道，你到底是干甚的？说不说？忽然又有个女人的声音钻了出来，这人是不是就是那个汉奸？

头顶的夜色更浓重了，有两颗寒凉的星星已经亮了起来，我如沉在水下，浑身冰凉，两只脚忍不住在发抖。我忽然想到了游小龙，我拼命在人群里寻找他的身影，没有，没有，看不到他。我又忽然想到了那个八十八岁的老汉，他是这群人里对我最友好的，我又拼命寻找他，但是，居然连他的影子也消失了。人群把我箍得越来越紧，越来越严实，我终于想喊出一句，我是个作家，我只是想写出一部小说。但是在我还没有来得及张开口之前，有一只拳头已经猛地挥舞到了我的脸上。

　　在医院住了两天，包扎了几处伤口，脑袋上缝了几针，又做了一个脑部 CT，见没什么大碍，我就出院回家了。母亲来接我的时候顺便带来一个消息，那个杀杜迎春的凶手被抓住了，就是她那个相好的，那人一直就住在大足底小区里，没事人一样，还天天出去上工。破案的过程是这样的，警察在尸体周围的沙棘枝上找到一滴干掉的血，查了 DNA，不是杜迎春的，便存了档。后来偶尔在 DNA 库里找到一个人的 DNA 与此相似，这人是凶手的侄子，有前科，所以 DNA 就有档案。就这样，最后摸出了凶手。

　　我问她凶手叫什么，多大年龄。她说名字不清楚，只知道是个四十多岁的男人，本来有老婆有孩子的，从山上搬下来之后就离了婚。他本是为杜迎春离的婚，两人约好，他离了婚便和她结婚。不料他离婚之后，杜迎春又反悔了，说合不来，提出要和他分手，花了他的钱也不还给他。两人最后一次约了上山谈判，结果还是谈崩了，两人吵到后来就厮打起来，这人情急之下用一块石头把杜迎春砸死了，为了毁灭证据，又在无人的大山里把尸体烧焦。在烧尸体之前，看到她脖子里有条金项链，想到为她花的钱，便顺手把项链拿走了。

七

此后我在家中休养了一段时间，没有再去过大足底小区门口，也没有再和游小龙联系过。这天，傍晚时分，我正躺在床上看书，忽然接到游小龙一个电话，我犹豫了一下，还是把电话接了起来。他在电话里倒没说别的，直接就说，建新啊，我不是早就和你说过，一定要带你进山里看看嘛，你可愿意和我一起进山里一趟？

第二天，我按照说好的时间在汽车站等他，我们要坐着客车进山。有趟客车是专门跑阳关山的，一路上会经过八道沟、八水沟、西塔沟、未后沟、大沙沟、小沙沟，还会路过十几个山村。我曾在大足底小区门口见过这种客车，下山的客车会专门在大足底小区门口停几分钟，司机使劲摁了几下喇叭之后，人们纷纷从楼里跑出来，跑到小区门口取自己的货物。跑山里的客车是在九十年代通车的，听说最初有客车的时候，山民们不等天亮就站在路边等车。冬天的时候还要在路边生一堆火，一群人围着，原始人似的，边烤火边等车。那时候的客车每次都要满得溢出去，过道里站满人，椅子底下塞着人，车顶上再捎上两个人，司机几乎都要被挤到车外面去。客车像个臃肿的胖子，一路哇哇唱着歌，在陡峭的山路上滚动着。

如今的客车虽然还在跑山里，但来回都拉不到人了，因为越来越多的山民都迁移到了平原上。留下的老人们一年到头也不下一次山，所以如今的客车里经常就只坐着司机一个人，像幽灵车一样孤寂地盘旋在山路上。据说客车司机都憋坏了，只要抓住一个人就不停地说不停地说，可以连说三天三夜不喝一口水。如今的客车虽然拉不到人了，但也并非没有作用了，客车每次从山上下来，其实还是满载而归，但拉的不是人，是一袋一袋不会说话的土豆、莜面、干蘑菇。这是还住在山里的老人们给山下的儿孙们捎的东西，因为在山下吃个土豆都要花钱买，太浪费钱了。至此客车已经基本沦落为货车。

游小龙给我讲过，当年他们整村往山下搬迁的时候，村里有个老猎人死活不愿下山，便独自留在了山里。他小时候经常去那老猎人家里玩，在老猎人家的炕上铺着一张用豹子皮做的褥子，还连着豹头。他每次坐在这条华丽惊悚的褥子上，都会有一种错觉，觉得自己正被一匹豹子驮着，庄严地游走在山林里。村庄被水库淹没之后，老猎人便居无定所，有时候住在山洞里，有时候像鸟儿一样住在大树上。村里人回了山里也找不到他，他也从未下山来找过他们。但是到了每年秋天，下山的客车都会拉着一车野猪肉野猪头送到大足底小区门口。开始的时候，人们还问司机，到底是谁捎来的东西。司机只说，不认识，是一个白胡子老头在山路上拦住了他的车，让他捎到这里来，别的什么都没说。游小龙曾笑着对我说，这其实是老猎人写给村里人的信，他是想通过这种方式告诉村里人，他还活着呢，还记着他们呢，要是哪天再没有野猪肉野猪头送上门了，那便是他不在了。茫茫山林里唯与鸟兽做伴，死了便是山间一把尘土，多可爱的老头。

远远便听到游小龙在和我打招呼，扭头一看，把我吓一大跳。有两个游小龙正朝我走过来，俩人特意穿了一模一样的衣服，身量也差不多，远远一看，好像一个人牵着自己的倒影走了过来。等走到跟前，才能看出，两个人的神情与气质还是略有不同。游小虎只对着我羞涩地笑了一下，然后便低头看手机，一句话都不肯多说了。我想，他可能知道我是知情人，所以在我面前难免不自在。游小龙说，小虎说他也想回老家看看，我说那就一起上山吧。

他们兄弟俩特意穿上一模一样的衣服，这给我一种仪式感，仿佛回趟阳关山是件很隆重的事情。我忽然想起在他家看过的那张他们小时候的照片，那黑白照片里有种时光深处的澄澈感，两个一模一样的小男孩，相同的表情，穿着相同的衣服，因为过分的相似，看着又觉得诡异。现在，那黑白的照片里渐渐长出了颜色，长出了骨骼和气韵，那骨骼和气韵的下面还有一层什么东西硌着，即使隔着相片，都能感觉得到。

客车按点发车，空荡荡的车厢里就坐着我们三个人加一个司机。游小虎自觉地坐在了车厢最后面，好离我们远些。我发现他对游小龙是有些畏惧的，大约是觉得理亏。我和游小龙并排坐在一起，都用同样的姿势，扭脸看着车窗外面。开车的司机倒并没有像传说中那样，只要抓住个人就可以连说三天三夜，他只把自己埋进驾驶座里，自从客车开走之后，他好像就从那座位上消失了，只留下客车自己在山路上踽踽独行。偶尔听见他拿起水杯喝一口水，也只能听见喝水声，却看不到人影，好像是一个幽灵在开车，拉着一车厢的肃穆和安静。

我猜想，可能是因为他总是一个人寂寞地在山里开车，早已经习惯了车厢里空无一人。真的拉了几个人，又很快忘掉了车厢里居然还有人，不由得还是会回到空无一人的状态。客车在山路上上下盘旋，刚刚看到头顶上有棵树，一眨眼的工夫，那树已经跑到我们脚下了。客车体态轻盈，简直像一只大鸟在山野间滑翔。

森林从车窗外成片成片地掠过，一幕又一幕，连接成了一部流动的绿色电影，不时有鸟叫和花香扑面而来。走着走着，前面的峭壁上忽然跳出一枝火红色的野花，倚在陡峭处，妖媚地斜视着我们。河流若隐若现，时断时续地跟着我们。在开阔处，河流会忽然钻出来，两边芳草夹岸，河流在阳光下闪着金光。在山林茂密处，河流会忽然隐身不见，但就是在见不到河流身影的地方，依然能听到漫山遍野都是淙淙的流水声。

坐在我旁边的游小龙终于说话了，他看着外面说，这就是阳关山，我只要一做梦，就是梦到这里。我说，确实美。停顿了片刻，他又对着外面说了一句，你不要怪他们，他们只是这世上最老实巴交的一群可怜人，他们连自己的家乡都没有了。我故作惊讶地说，怪谁？他笑了笑，把车窗整个打开了，浓郁的花香涌进车厢里，我瞬间有种微微的醉意，感觉自己整个人都要被花香抬起来了。

只听他又说，你不了解他们，你知道他们为什么要拼命去保护一个杀人犯？因为他们知道杀了人是要偿命的，而这样一个杀人犯在大山里的时候，和他们没有什么两样，日出而作，日落而息，每日种地、放羊、采蘑菇，饭市上和大伙一起吃饭一起吹牛，但这样一个人在下山之后却忽然杀了人，变成了杀人犯。他们觉得正是这个杀人犯把他们所有人的苦难都承担下来了，他把所有人即将遭受的磨难承担在了他一个人的肩上，他们觉得他是要替他们去死的，他就像一个全村人献出的祭品。他们对他有一种类似于宗教的感情在里面，所以才拼命要保护他。

我呆呆看着车窗外，不知道该说点什么。不时有各种层次的绿色撞进我的眼睛里，从没有见过这么多这么丰肥的绿色，眼睛居然都有些适应不过来。我闭上了眼睛，于是，在黑暗中，那些花香更加浓郁了。我又听到了他梦幻般的声音，建新你发现了吧，大足底这样的山村纯净得像个世外桃源，但也是世界上最幽深最黑暗的角落，有太多属于它的秘密。我早想把这些都写下来，可是不能，写下来我就成了他们嘴里所说的汉奸。在大足底，所有的告密者都被叫作是汉奸，汉奸是要受到惩罚的，他们会把你驱逐出去，让你彻底无家可归。所以，我只能写给山间的鸟兽草木，而你不同，你可以把这个山村里所有的秘密写下来，把它当作人类的一个文化标本记录下来，这些山民草木般的一生也算有了一点意义。就算是你替我写了，拜托你了。

我睁开了眼睛，看到放在他办公桌上的那个本子正伸到我面前。我一愣，却见他笑着说，这个本子就送给你了，因为你替它们看过了。我接过那本子，翻开第一页，只见上面写着"天之高，星辰之远，而人事渺茫，星一度可当两千九百三十二里，星辰之下众生平等，就连大足底这等弹丸小地，亦可仰观天象，俯察人事，星河浩瀚恒久，而人世荣辱转瞬即逝。"

我们已经渐渐进入了大山深处，林间的树木更加高大苍翠，时不时可见几个人都抱不过来的大树，老僧一般静坐于山林间。客车经过了一个又一个山村，但都没有停留，因为，既没有人要上车，也没有人要下车。那些散落的山村看起来都阒寂破败，门扉深掩，门口的荒草长了有半人高。有的山村已经彻底没有人住了，已经完全被树木和荒草所占领。有的山村还住着一两个老人，拄着拐杖，带着一条老狗，表情呆滞地坐在村口看着我们经过。有的山村废弃已久，土黄色的泥墙已经和大山完全融为一体，不细看根本看不出那里曾经是一个村庄。

游小龙也看着窗外，轻轻叹息道，你看，就算没有水库，山民们也会慢慢都迁移到山下去的，为了孩子们的教育，也为了生活得更方便些。再过几年，这些山村可能慢慢就都空了，慢慢地就被森林化掉了。

前方，更加阴森翳郁的森林正朝我们扑面而来。

我说，小龙，你还记得你那次问我的问题吗，你问我这些山民是从哪儿来的，最后又会到哪里去。我查了些资料，阳关山上的山民一部分是鲜卑族和匈奴留下的后裔。这山上曾有魏孝文帝的避暑行宫和牧马场，北魏灭朝后，曾有部分鲜卑贵族隐居在这山中，繁衍生息下来；另一部分则是战乱年代和饥荒灾年里躲避到山中开荒种地的流民。他们是被时代带进大山里的，最后也会被时代带走。你今天看到的城里人的样子，就是以后山民们的样子，他们会被时间慢慢化掉的。你看历史上不管发生过什么，最后都化掉了，慢慢化成了今天；今天的一切也都要化掉的，会化成将来，将来又化成将来的将来。你看，其实什么都没有死亡，只是换了个形式活着。

开车的司机一路上都没有说一句话，我怀疑他是不是睡着了，但客车一直稳稳地孤寂地往前走着，耍杂技一般翻着弯曲的山路。坐在车厢后面的游小虎始终没有说一句话，有几次我都忍不住偷偷回头张望，看他是不是已经从那里消失了，但他一直都坐在那里，一动不动地看着车窗外面。看上去确实像游小龙落在水中的一个倒影。

客车终于停了，把我们三人放下之后，便一言不发地缓缓离去，背影愈发孤寂。我举头张望四周，满目都是绵延起伏的苍翠山峦，四下里连一条小路都没有，也并没有看到任何村庄的影子。游小龙指了指前面的一座山，说，翻过这座山就到我老家了。

等到终于爬上山顶，却见一面绿色的湖水忽然出现在群山之间，山峦的倒影静静映入湖中，山水相依在一起，水鸟掠过时在湖面上划下一道水痕，那些倒影便被无声地揉碎，很快又重新愈合。我朝湖中扔了一块石头，湖面上荡漾起一朵巨大而温柔的涟漪，几只水鸟惊起，扶摇直上。我说，你们大足底村在哪里？他指了指湖水，温柔地笑着说，就在这下面。

我们三人站在那里都静默着，默默看着脚下的湖水和山峦。过了好久，游小龙忽然说，建新，你记不记得我上次和你说，小虎说他就是要去死了，也要留一笔钱给我和母亲，结果他还真要想办法留一笔钱给我们，你猜他用的是什么办法？他去大街上碰瓷，见辆车就往上撞，结果你猜怎么，那些汽车见了他就绕着走，都没人上他的当，你说他可笑不可笑。

我什么都没说，又往湖里扔了一块石头，又是一个涟漪，然后，很快，那湖水再次悄悄愈合了。只听他又笑着说，这么多年他一点都没有长大，还是像个孩子，估计他也是实在没有别的办法了吧，居然会想到死人也是可以赚钱的。

我扭脸看了他们一眼，游小龙正使劲地笑着，站在他身边的游小虎却正一脸的泪水。游小龙又笑着对我说，建新，我特别希望你能把这个小说写好，把我和小虎都写进去。我这辈子是当不了作家了，但我喜欢文学里的世界，它们一直陪着我，从没有离开过我，能活在那个世界里也挺好的。

我嗓子一阵发堵，把手伸进口袋里摸出烟盒，我点了一根，又递给他们。他们都没有接，游小虎静静立在那里，游小龙站在他身后。一根烟快抽完的时候，我听见游小龙对前面的游小虎说，小虎，我们是双胞胎兄弟，也许我们本来就应该是同一个人。所以，你记住，我可以替你活着，你也可以替我活着。

这句话让我心里有些不安。我低头碾灭烟头的时候，忽然注意到他们的脚步，两人都面朝湖水，游小虎站在前面，游小龙在后面，离他只有一步之遥。也就是说，只要游小龙轻轻一推，游小虎就会掉进湖里，溅出一个涟漪，然后，湖面很快就会复原。而游小虎站到他前面，会不会也是故意的？我有些吃惊地看着他们，但他们只是静静地看着湖水，没有动，也没有再说一句话。

那次从山上下来之后，我就再没有去找过游小龙，他也再没有给我打过电话。在老家一晃就住了半年，直到我返回北京前一天的晚上，又去了他办公室一趟，和他道个别。他依然穿着白衬衣黑裤子，皮鞋擦得锃亮，桌上的梅瓶里插着几枝菊花，面前照例摆着酒壶和酒杯，他正趴在桌子上写着什么。见我进来，他对我羞涩地笑了笑，那笑容像极了游小虎的笑容。可他趴在桌上写作的样子又像极了游小龙。我和他道别，说明天我就要回北京了。他并不多言语，只微微笑着说，一路顺风，有空多回来。

我已经无法确认眼前的人到底是游小龙还是游小虎了。更重要的是，我发现我其实并不想确认。

于是，我起身，告辞，走出了那间办公室。我在黑暗中轻轻掩上了那扇门。

骑白马者

一

　　我骑着摩托车沿山路盘旋而上。

　　正是五月，黄刺玫漫山遍野，横扫其他植物，凭着气势竟跻身山中一霸，几欲把半条山路都吞噬掉。走着走着前面忽然就没有路了，嬉笑打闹的黄刺玫挡住了去路。在阳光下看上去，这些浅黄色的野花忽明忽暗，像一些鬼魅之眼睁开了又闭上了，忽然间又睁开了。发酵过的花香肥腻殷实，在山风中静静飘着，让人恍惚觉得前面一定隐藏着什么。等到摩托车碾过去，却发现，什么都没有，花妖后面仍然只是一条寂静的山路。

　　在没有人的地方，树木、石头、山谷看上去都明艳异常，还有些凶猛，随时会扑面而来。

　　沿山路盘旋而上的时候，会看到这巨大的山体里镶嵌着贝壳类的海洋生物化石，还能在断崖上看到里面清晰的岩层，花岗岩、片麻岩、辉绿岩、石英岩、角闪岩，一层一层，如那些早已长眠的时间。曾经的海洋、鱼群和火山如今静静埋葬于这大山深处。在山中行走，常有沧海桑田之感忽然迎面袭来。

走着走着，路的前方猛地跳出一个半山坡，林中一片开阔的空地上现出一座孤零零的小木屋，这是护林员住的房子。我一直骑到离木屋很近的地方才停住，熄灭油门，从摩托车上下来，顺便把挂在车把上的一个塑料饭盒摘下来。屋门口正蹲着的一个男人始终没有回头看我一眼。我走过去，站在他身后，发现他正给一只小狗挠痒痒。另外两只大狗躺在旁边晒太阳，它们过于安静了，已经不再像狗，好像已经过渡成了另外一种陌生的兽类。听到我的脚步声，它们没发出任何一点声音，其中一只微微睁开眼瞟了我一眼，便又闭上了。那只小狗大概刚出生不久，巴掌大，正张开细嫩的四肢，露着肚皮，任凭主人给它挠痒痒。我站在他身后，咳了一声，说，这小狗是刚抱来的吧？以前没见过。

他还是没有回头，只背对着我说话，声音听起来嗡嗡的装满回音，刚生下没两天，是那对母子生的。说着他指了指那两只晒太阳的大狗。那两只狗看上去年龄个头都差不多，分不出哪个是母亲，哪个是儿子，都纹丝不动地晒着太阳。

他继续摆弄那只小狗，我则继续站在他身后看他摆弄狗。深山里的光阴夹杂着虫鸣鸟叫和草木的清香，缓缓从我们身上踩过去，脚步迟缓犹疑，似乎只要我一伸手，就能抓住它。木屋前的一块菜地是他自己开垦出来的，主要种土豆。土豆是山民们的主要食物，几乎顿顿不离土豆。一般来说，早晨是土豆小米稀饭，中午是烩土豆或焖土豆，晚上是土豆泥，拌上盐，再喷上一勺葱油。地头干裂的黄土里像牙齿一样长出了一排参差不齐的青菜，还有几棵剑拔弩张的大葱，各自在头顶举着一朵毛茸茸的大花，引来了一群蜜蜂。

此外便是无边无际的山林。这木屋和菜地像是从山林手里好不容易抢出来的，一不小心就会被夺回去。我看到木屋边上已经包了一圈瘦小的毛榛和栎树。山林是会自己走路的。有时候猛一回头，却发现它已经跟在你身后了。

四周山林如海，木屋如沉在井底，站在屋前就能听见阴森的山风在密林深处徘徊低吼，伴着红角鸮哀哀的叫声，一种长着两只大耳朵的鸟。不过当有阳光照下来的时候，山林看起来忽然就璀璨极了。站在这半山腰上看下去，山林绚烂夺目，绿色的是油松和侧柏，白色的是山梨花或杏花，红色的是花楸或山杨，黄色的多半是黄刺玫。等到秋天的时候，黄刺玫的果实可以采来磨成面粉，做馒头或者是烙饼吃，有一种奇异的清甜。

蹲在地上的护林员终于站了起来，矮个儿，穿着一身洗得发白的旧迷彩服，表情呆滞地看了我一眼，又偷偷看了一眼我手中揭的饭盒，目光缓缓驶到别处，说，过来了？我在这山里第一次遇见他的时候，他就是这样，穿着这身旧迷彩服，眼睛一旦盯住什么就半天不动，像压路机一样死命在上面碾压。有时候，他分明已经不再看你了，但出于庞大的惯性，他一时还不能把自己的目光及时拖走，只好任由那些空心笨重的目光黏在你身上。因为一个人独自待久了，他的语言能力已经明显退化，经常要过半天才能找到下一句话，这使他的每一句话听起来都是残疾的。

第一次见到他的时候，他牢牢盯住我看了大半天，我被看得毛骨悚然，他才终于说了一句，过来了？我说，一个人巡山怕不怕？他呆望着远处，极慢地眨了两下眼睛，半天才丢出一句，谁说不怕？我问，一个月给你多少钱？他转过身去用慢动作喂狗，那时候还只有那一只母狗，等狗都吃得差不多了，他才丢出一句，八百块。这时他慢慢扭头看了我一眼，磕磕绊绊地补充道，额也是挣过大钱的人，早几年，在山下的，厂子里，看门，一个月还给额，三千块……三千块呢。后来，厂子，不景气，关门啦，额上山也是图，图挣人家，两个钱。

我明白了，他也是逆流上山的人。这几年山民纷纷从山上搬下去，搬到平原的县城里，多半都是因为打工和孩子的上学问题。山民们大规模迁徙下山使得平原上人口剧增，一时房租上涨，有几个新小区的房子几乎都变成了山民聚居区。山民们下山之后把山上的土豆和伞头秧歌也带到了平原上，以至于晚上的广场舞里突然嫁接了好几条扭秧歌的伞队，花红柳绿的。大山里则更加空荡幽静了，鸟兽和树木纷纷住进了废弃的山村。但也有少数人会逆流而上，从平原回到山里。比如这护林员，比如我。

我也住在这样一间小木屋里，在阳关山更深的八道沟里。我在木屋墙上挂了一张巨大的地图，无聊的时候就站在地图前看地图。我从小就是个喜欢琢磨事情的人，我慢慢在地图里看出了一些门道。地图上有三条大通道，一条是蒙古高原和东部平原之间的长城，一条是青藏高原和南部平原之间的茶马古道，还有一条是从古长安出发途经大漠一直向西的丝绸之路。这三条大通道把平原和高原，沙漠和绿洲，游牧区和农耕区都连了起来。移民们千百年来在这些通道上迁徙流动，远离故土，走西口、闯关东、下南洋。

就像这阳关山，全是密密麻麻的原始森林，古时候的人们大概是为了躲避战乱，从平原来到深山里，很多年后又因为子女的教育问题迁徙到平原。有的山村学校，原来有一百多个学生，后来到几十个，十几个，到最后只剩下了一个学生。我已经分不太清楚，对于人们来说，这种迁徙是一个必然要到来的进化过程，还是一个不可抗拒的衰败过程。对于我来说，前半生是跟着欲望走的，后半生，我只想跟着心走。

我把手里的饭盒递给护林员，刚炸的油糕，皮还脆着，给你送几个过来。他站在那里没动，只拿眼珠偷偷扫了饭盒一眼，半天才敢问一句，甜的咸的？我说，石榴形状的是咸的，半月亮形状的是甜的。他仍不肯接饭盒，笨重的目光碾压过黄土和大葱，不知道要落到哪里，嘴里却说，额自小，好吃甜的，就是，甜的吃多了，这不，牙也快掉没了。我硬把饭盒塞给他，他这才接住了，也并不急着打开，就那么用两只手矜持地抱在胸前，好像并不想要。嘴里还在向我拼命解释着，额不是，很爱吃，油糕，不太好消化，额不急着吃，等，等放到晚夕（傍晚）再吃。

对于他来说，吃一顿油糕就等于过节。我隔三差五来给他送点吃的，几乎每次都这样，他表示他不是很爱吃，也并不急着吃，要先放一放再吃，然后等我转身离开的一瞬间就会把它们吃光。我再次骑上摩托车准备拧油门的时候，他双手紧紧抱着那只饭盒忽然大声对我说，夜来，有一只花豹，敲额的门，额用强光手电，一直照它，照它，它就在门口，蹲了一黑夜，天明才走掉，额一夜，没睡。我说，晚上记得把门从里面关好。然后拧了一把油门。他手捧饭盒小跑两步又追上来，有些绝望地对我喊道，你没见，好大，一只花豹，就在额门口，守着。

他张开的嘴里果然没几颗牙，看着有些荒凉，像个黢黑的山洞。我知道他不想让我走。但我还是拧了一把油门，骑着摩托车重新上了山路。

这条山路是沿着文谷河修的，河拐弯的地方，路也跟着拐弯，像河的影子。文谷河从阳关山最高峰出来之后，自西向东，流经几座大山几道大沟，最终流入盆地，汇入汾河。河流的两岸孕育出不少小村庄，珍珠一样被河流串成一串。所以只要跟着河流就能出山。在我小的时候，木材厂砍下的圆木都是放进河里，顺流而下带出山的，放排人站在木排上点着竹竿。那时候，我经常会骑在一截圆木上跟着河流漂一段再爬上岸，在岸边看着那些滚圆笔直的木头在河道里熙熙攘攘地拥挤着，谈笑着，结伴出山而去。冬天，河道结冰，白色巨蟒一般蜿蜒在山间，那些圆木则一路滑着冰，照样呼啸着出山。

河流在视野里若隐若现，即使钻进了河柳丛里踪迹全无，仍然可以听到哗哗的流水声就在咫尺。走着走着，河流冷不丁又冒了出来，活泼泼地在阳光下闪着金光，河流两边青草夹岸，蒲公英携伞飞行。偶见有白色的巨石挡在河道中间，河流也是欢快地侧身而过，并不上前挑衅。

几道巨大的山沟像神将一般守在河流两侧，八道沟、八水沟、大背沟、大沙沟、小沙沟、未后沟、西塔沟。在每个沟口都驻守着大力士一般的山风，它们终日呼啸着守在那里，逡巡、比武，力大无穷，可以轻易把一辆汽车掀上天。

走着走着忽然看到河边的山坡上着了一树白花，山梨花开得太多太稠，好像整棵树都燃烧起来了。这棵树像支火把一样站在山坡上，竟把周围一圈都照亮了。我站在树下，花瓣像雪一样落在我脸上。又往前走了一段路，河滩上出现了养蜂人的帐篷和蜂箱。我停下摩托车，向他走过去。在回到山中的这两年时间里，只要在山里见到陌生人，我都会试图过去搭讪几句。我试图在找寻一个人。我相信这个人其实还在这深山里。

养蜂人头上戴着斗笠，斗笠下罩着烟雾一样的面纱，看不清眉眼。我走过去的时候，他隔着一层面纱打量着我，并不言语。我看着那层面纱，心里忽然就一紧，但还是和他打了个招呼，忙着呢？蜜蜂在这里采的是什么蜜哪？他隔着面纱吐出三个字，百花蜜。一阵山风拂过，烟雾一样的面纱荡漾起来，露出了他的一只嘴角，那只嘴角看起来坚硬神秘。

我抬头看了看天，群山之上已经开始出现幽暗的暝色，一只苍鹰张开巨大的双翅，正在暮云里无声滑翔。我用手指关节敲了敲蜂箱，对他说，给我打一斤蜂蜜，不会掺假吧？

他二话不说，噌地揭开一只蜂箱，里面设着隔断，像小公寓房一样，无数只蜜蜂正栖息在里面，猛一看，简直让人有点眩晕。有几只蜜蜂从箱子里飞了出来，我吓得往后一躲，他使劲向我招手，怕什么，蜜蜂要怕你才是，蜇了人它就没刺了，少了刺的蜜蜂是不会回家的，反正是要死的，它们情愿死在外面。死在里面的尸体也很快会被其他蜜蜂清理出去，你看看这蜂箱里多干净，啧啧，比我住的棚子都干净，蜜蜂可比人爱干净多了。

他说着抽出一块隔板，上面粘满蜂蜜和蜜蜂，他用指头蘸了蜂蜜放在自己嘴里吮吸着，边招呼我，来嘛，过来吃，你吃吃看嘛，看到底是真的还是假的。说着又从木板上掰下一块胶状物递给我，再吃吃这个，蜂胶，卖得死贵，好东西，和人参一样。

我嚼着那块难以下咽的蜂胶搭话道，一只箱子里住这么多蜜蜂，就一个蜂王？他放下隔板，小心盖上箱子说，原先一只箱子里就一只蜂王，不过现在蜜蜂与时俱进，改革了，有的箱子里能住两只蜂王。蜂王也不容易，一天到晚坐着不动，就干两件事，吃蜂王浆和生孩子，一辈子吃了生，生了吃，一只蜂王一天要生三百只蜜蜂呢。

我指了指箱子旁边的蜜蜂尸体说，这些蜜蜂怎么就死了？都是丢了刺的？他捡起一只死蜜蜂给我看，死掉的蜜蜂轻飘飘的，像个空壳，他说，因为它是只雄蜂嘛，这就是它的命，雄蜂的婚礼和葬礼是在同一天举行的，结婚的那天就是它的死期。人各有命嘛，蜜蜂也一样。

山中的光线正无声而迅速地向西撤退，地上的灌木和河流渐渐失去颜色，褪变成枯瘦的黑白。只有长着松树的山顶还在夕阳里闪闪发光，如同银色的雪山。我看了看河滩四周，只有密林和灌木丛，还有这条日夜不息的河流。我问他，你一个人就在这河滩里过夜，不怕吗？他嘎嘎大笑着把斗笠摘掉，方才的那只神秘的嘴角消失了，变成一个圆圆的大脑袋，眼睛和嘴巴都比别人大一个号，整张脸看上去有一种辽阔感。这样一张脸，在黄昏的光线里看着竟有几分明媚。不像是我要找的人。不过也说不定，人的面相是可以随环境变化的。

我下意识地看了看周围，确实，那个暗处的人可以幻化做无数种面孔出现。因为，我根本没有见过他。

他用手指指蜂箱，说，有这么多小朋友陪着我，我还怕啥嘛。我们养蜂人就是跟着花期走，一路上都在打听哪里的花刚开了，哪里的花快要开了，哪里开花去哪里，像不像采花大盗？前几天听人说方山的枣花开了，明天就准备赶过去呢。和你说，有一次我在野地里搭帐篷，旁边就是个老坟墓，不管它，反正我也不认识谁在里面，里面的人也不认识我，无冤无仇，总不至于半夜出来吓我。要是里面是自己认识的人，那就有点麻烦了，为啥？因为你能想见它的样子嘛，你要敢闭上眼，它就在你眼前晃啊晃，晃啊晃，你就觉得它真的从里面走出来了，你说是该和它喝酒呢还是和它聊天呢。所以不认识的死人也就不用怕嘛。停顿片刻之后，他瞪着两只铜铃大眼补充了一句，伙计，蜂蜜你到底要还是不要？

我买了一罐蜂蜜，挂在摩托车把上，沿着山路继续往前。走着走着，连山顶上金色的夕照也消失了，夕阳沉没，鸦青色的群山愈发肃穆寂静。我经过了大沙沟、八水沟，走到八道沟的时候，天色已经完全暗下来了。山路两边的森林已经变成了没有任何缝隙与光亮的黑森林，阴森蓊郁，有几棵大松树的枝杈狰狞地举向夜空。森林和崎岖的山路完全连成了一体，已经看不到河流在哪里，但水声还挂在耳边，愈发清脆。光听着这流水声，会觉得这条河正在黑暗中变结实变强壮，似乎马上就要从地上站起来了。渐渐地，连我自己也被这夜色完全融化了，我伸出手来竟看不到自己的五指，我消失了。

等到眼睛完全适应了这大海一般的黑暗，就会发现这样辽阔的黑暗也是分层次的，深深浅浅的黑暗杂糅在一起，如同剪影。进了八道沟就是苍儿会，路边出现了一个岔路口，我略一犹豫，还是拐进那条岔路。几分钟之后，一座空无一人的山庄阴森森地出现在了我面前。

我把摩托车停到一边，坐在一块石头上，点了一根烟慢慢抽上了。夜空里已经出现了星星，深山里的星空分外澄净，那些闪着寒光的星星看上去就在头顶，伸手就能摘下来。此刻我的头顶上方正悬着一把巨大的勺子，北斗七星横亘于荒野之上。一年当中的二十四个节气里，北斗星的勺子把都会指向不同的方向。几千年里，山民们都习惯以北斗星来判断时令。

星空下的山庄默无声息，没有半点灯光，看上去鬼影幢幢。这座度假山庄已经被废弃在这深山里好几年了，门口大石头上刻着四个字"听泉山庄"。进了山庄的大门先是一片山杨林，一大片建筑在树林里若隐若现，有宾馆、餐厅、会议室、活动室。在宾馆的后面还有几个巨大的园子，有一个江南园，花园里种下了不少茂林修竹，按照江南景致设下了四景：杏花烟、梨花月、孤山梅、梧桐雨。又在园内引水造湖，湖边建有亭台楼阁，一座水榭叫"夕月楼"，一处凉亭叫"苍霭亭"，轩为"听雨轩"，还仿照网师园建了一扇月宫满月门。湖上架有石拱桥，可在桥上垂钓观鱼。假山叠成数道绝壁，一条瀑布从山顶飞泻而下，假山边种了红枫、牡丹与黑松。秋日霜染枫叶，冬日，还可以出来一种青松伴崖石的生趣。

再往前走是一个世界园，园子里都是一些微缩版的世界著名建筑，金字塔，埃菲尔铁塔，比萨斜塔，凯旋门，自由女神像，希腊神庙，还有一座小型天安门。这些微缩建筑像侏儒一样挤在一起，相互取暖。再往前走是一个史前动物园，林立着各种用水泥做的史前怪兽，除了各种各样的恐龙，还有鱼龙、长颈龙、沧龙、械齿鲸、帝鳄等怪兽，还有些叫不上名字的奇怪动物，很多已经缺胳膊少腿。最后一个园子是个花花绿绿的游乐园，废弃的过山车如巨蟒一般盘旋在杂草之中，旋转木马下面挂着几匹颜色剥落的木马，首尾相追，一动不动。当年山庄还没有建完就停工了。

如今，山庄门口早已荒草没顶，在夜色中看过去，似是狐妖鬼怪们住的荒冢。

二

　　抽完一根烟，我站起来，抬头看着夜空。这星光下的废墟早已脱尽了肉身，骨骼林立。所有过往留下的残垣断壁，与这原始森林交错生长在一起，在荒野中散发出一种奇异的美。其实我早就发现了，就是那种一切变成废墟之后奇异而无法言说的美。

　　最初的焦虑在山林的星移斗转中渐渐消失。每次当我在月光或星空下驻足，悄悄打量这座废墟，都会觉得，在这样的深山老林里留下这样一处梦境般的废墟，也许并不是全无意义。我好像暗暗捡到了一个被遗留在深山中的谜语，却无法告诉任何人。

　　大山与夜空的交界处闪过一颗流星，拖着大尾巴，转瞬即逝，脚下的大戟和青蒿散发着冷香。在这样寂静的山林里能听见时间层层剥落之后，掉在地上的扑簌声，如落叶一般。

听泉山庄里面包裹着的是曾经的阳关山木材厂。1956年建成，1998年消失。

我就是在那座木材厂里出生长大的，父母都是厂里的工人。小的时候，我和厂里的发小周龙，在春天的时候去山里捡柴挖野菜，卷耳、鹅肠菜、小茴蓿、歪头菜、野葵都是可以吃的，金露梅和银露梅的嫩叶采了可以当茶喝。野杏花折几枝，插在罐头瓶子里可以开好几天。春天的大山里，花香熏得人昏昏欲睡，每到中午，厂里的大喇叭就开始广播评书，家家户户听着评书吃午饭，就着野葱和腊八蒜。然后在花香里小睡片刻。

夏天的时候，我们去山里采木耳、挖草药。我熟悉这山中的每一种药材，蛇苔可以治蛇毒，木贼止血明目，翠雀可以治牙痛，蝇子草治肠胃炎，小花草玉梅可治肝炎，梅花草清热退烧。黄昏的时候，我和周龙经常躲在木材厂对面河里的大石头上偷偷观察别人，我们对厂里每个人下班后做了什么都看得一清二楚，竟慢慢掌握了每个人的生活规律。那时候全厂只有一台黑白电视机，信号还不好，到了晚上，便有人抱着电视，有人拖着电线，有人裹着床单，一群人前呼后拥地抱到山顶上去看。我和周龙则在天完全黑下来之后，躺在尚有余温的大石头上，沐着月光，听着身下哗哗的流水声。萤火虫在我们身边飞来飞去，星星点点的，有时候还会落在我们额头上，胳膊上。

秋天我们去山里捡蘑菇采野果。蛇莓、山桃、覆盆子都熟了，毛榛的种子可以做肥皂，野酒花可以酿啤酒，刺梨和毛樱桃可以酿果酒，五铃花的根可以熬糖，野玫瑰可以做玫瑰酱。工人们把砍下的树木放到窑里熏干，再把干木料垛成一堆一堆的四方形，一眼看过去，简直无边无际，如兵营扎寨。那时候人们盖房子都得用木料，为买到木料还得走后门，所以木材厂的工人们都以自己的这份工作为骄傲。

冬天的时候我们进山打猎。大雪足有半腿深，山腰上挂着雪白的冰瀑，晶莹剔透，往返的时光都凝固下来，文谷河已结成冰河，在冰面上滑着冰就可以一直滑出山去。山中冬夜漫漫，工人们没有什么娱乐，有时候便以听房为乐。有人在熄灯之后，裹着大衣穿着棉鞋，蹑手蹑脚走到人家门口，坐下来，把耳朵趴在门上听房。有时候听着听着就靠在门上睡着了，结果早晨人家一开门，他扑通一声摔到了人家家里的地上。还有的时候，竖着耳朵听了半天却什么都听不到，忽然有人把手搭在他肩膀上拍了拍，我都还没回家呢你听什么？快回去洗洗睡吧。

我十二岁那年才第一次出山，第一次见到了坐落在平原上的县城。那天晚上我坐着厂里的运木料的卡车，跟随父亲进了趟县城。我正在车厢里睡得迷迷糊糊的，忽然被叫醒，猛然看到前面跳出一大片灯火。我从没有见过那么多灯光，那么多商店，街上有那么多人。有些被吓住了，竟说不出一句话来。后来跟着父亲进了一个商店，我吓得连头都不敢抬，里面摆的好东西实在太多太多了，我却根本不敢多看一眼，就一直低着头。

没想到世界上竟有这么多好东西，简直像来到了天上的街市。

我是1997年参加的高考。高考完之后我就已经有预感，可能要与心仪已久的大学失之交臂了。高考完的那个傍晚，我一个人在山里溜达，不觉走进了八道沟。这种大沟的两面都是高山耸立，沟中间一条河川，河川的名字多简单粗暴，依顺序分别叫做头道川、二道川、三道川。出沟后都汇入文谷河，随河水出山。高山之间的一道天空渐渐暗下去了，有住在山顶的苍鹰偶尔从头顶滑过，姿态静谧悠远。

我不想回厂里，也不知道该干点什么，有一种无边无际的巨大虚空，于是就那么沿着河川一直往前走，往前走。走着走着天就黑透了，高山和夜空之间生出一道柔和的界线，再走，半轮明月就爬上来了。月光照着山谷，河流闪着银光，我脑子里想了很多很多，像是把自己的一生都在这个晚上想完了，却又像是什么都不敢去想。

我一边胡思乱想一边沿着河流往前走，泉水叮咚，微云淡月，晚风里尽是草木的清香，走夜路的野兽也会躲开我，它们都怕人。我就那么走啊走，后来走着走着忽然发现天已经开始亮了，月落乌啼，东方出现了青白色的天光。我竟然在山谷里走了整整一夜。

高考成绩出来了，我果然只考上了一所普通大学，又因为四年的学费问题，我最终做出了决定，放弃上大学，去城里打工。那时候我便暗暗发誓，即使是打工，有一天我也要让所有的人都看看。

在我离开厂里的第二年，因为木材逐渐被钢筋水泥代替，商品房开始代替自建房，木材已难有销路，木材厂完成了它的历史使命。大部分工人只好下山，到平原的县城里租间房子，自谋生路。还有的工人去了更远的河北、山东打工。我的父母也跟着工人们去了平原上的县城里，开始了四处打零工的生活。

1999年的秋天，我独自一人进了阳关山，回了一趟深山里的木材厂。让我惊讶的是，已经停电停水的厂里居然还住着十来个工人，他们已经在废弃的工厂里住了一年多了，其中居然还有周龙和他的母亲。

秋天是山里最美的季节，层林尽染，秋阳点亮了山中的每一片树叶，好像每一片树叶上都站着一支蜡烛。松树下的银盘巨大如伞，大片橙色的沙棘如火焰燃烧，山鹛争相啄食刺李，松鼠用石头打磨着橡果。我和周龙在山里慢慢转了一天，我问他这一年多是怎么生活的。他说，其实也好办，喝山里的泉水，吃山里的野果蘑菇，砍柴生火，自己再种点土豆，也就够吃了，在山里哪有活不下去的？我说，晚上没电你们做什么。他说，晚上就点着蜡烛聊天。我说，就你们十来个人天天在一起，还有什么可聊的？他嘴角微微一笑，目光很柔软地亮了一下，可聊的多着呢，我们想说的话说都说不完。我沉默了一会儿才说，为什么不下山去？他的目光垂下去，看着脚下的一株草芍药，说，觉得在山里自由，也不知道出去了能干什么。

晚上，我们在他破败的宿舍里，点着蜡烛，喝着用地榆嫩叶泡的茶继续聊天，过了十二点了，我们还在聊，过了半夜两点了，我们还在聊。我们坐在昏暗的烛光里，守着彼此巨大的影子，都毫无睡意，似乎真的有说不完的话，却又不知道自己到底说了些什么。就这样，我们一直相守着坐到了天亮。东方既白，他吹灭烛头，在一缕青烟里对我微微笑着说，你看，有没有可聊的？

又过了几年，我父亲去世，我按他的临终交代把他葬在了大山里。山里的坟墓就像山里的人家一样，都孤零零地游荡在大山的褶皱里，很少有墓碑的，无名无姓，只是每座坟墓上都种着一棵柳树。有的柳树已经很老很老了，得两个人才能抱得过来，树皮漆黑皲裂，像是真的来自于阴森的地下。柳树下的坟墓则小如馒头，几乎要缩回到地底下去了，这必定是座年龄很老的野坟。

埋葬好父亲之后，我又回了趟厂里。走到厂门口的时候吓了一跳，原来的木材厂和厂里一望无际的木料垛都不见了，取而代之的是一座修了一半的度假山庄。门口镇压着一块巨大的石头，上面刻了四个字，用红油漆描了：听泉山庄。

这山庄好像是从天外飞过来的，铁门上挂着一把生锈的大铁锁，我在门口往里张望了半天，正准备翻墙进去，忽觉得背上有些异样，一扭头，正好和一个坐在树下的老头四目相对。那老头坐在大树的阴影里，正饶有兴趣地看着我。我向他走过去，他戴着草帽，指缝里别着一根筷子那么长的手卷纸烟，放在嘴角品了一口，眯着眼睛，有些高兴地对我说，翻啊，继续翻啊，额看着你翻，怎么不翻了？

额，是山民们独有的一个发音，一到了十几里之外的平原上就会自行消失。很多年里，我走在城市的街上，在人群里偶尔听到这个发音，都会觉得像被什么东西狠狠咬了一下，连忙在人群里到处寻找。那个代词却已经同它的主人一起消失在了人海里。

我忙说，老伯，木材厂呢？你知道这里原来有个木材厂不？

老头坐在树下，把一条腿抬到另一条腿上，抖着腿说，兀来大（那么大）个厂子，额能不晓得？小子，你是来买木料的还是来耍游乐园的？

我一愣，说，老伯，我家就是这厂里的啊。

老头也愣了一下，继续抖着腿说，你看着兀来小，衣裳穿得时兴，也是这厂里头的人？你不晓得？木材厂倒塌以后，有个老板看中了这个地方，真是个偶人（坏人），看见有山有水风景好，就把厂子租下来，还租了额们四百亩地，一亩地一年给四百块钱，说是要盖个度假村搞旅游开发。说现在种几亩地又挣不了钱，让额们都给他打工，他给额们发工资。不少人家的小了在外头打工，都给叫回来了，说家门口就有钱挣。现在彩礼要得太重，不少小子都吃（娶）不起婆姨，就都回山里来了。结果那偶人盖度假村盖了一半就跑了，估计是没钱了。把额们都耍笑了一遍，真是个偶人，租下的地也毁了，庄稼都不能长了。跟前的两个村，苍儿会和岭底，因为抢度假村的工程还打了起来。

我问，那老板后来去哪了？

老头站起来，顶着大草帽，拍了拍屁股上的两片土，上下打量着我说，早跑屃了，不晓得去哪里了。有人说他为了盖度假村欠了一屁股债，还不起钱躲起来了，有人说他跑到南方做买卖去了，又挣了大钱。反正是找不见了，听说这偶人也是从阳关山里出去的，不晓得是哪条沟里生出来的。原先日捣（骗）额们说，要搞旅游开发，旅游能带动跟前几条沟致富，村里几家靠路的都赶紧借钱开了农家乐，俺行（家）也开了，结果呢，连个鬼都不上门吃饭。

我使劲朝铁门里张望着，说，那厂里留下的十来个工人去哪了？

老头把烟叼在嘴角，从身上摸出一把青铜色的大钥匙，走过去把铁门哗啦啦打开，说，那就不晓得了，额守在这里本来是要收门票的，里头有恐龙嘛，好看着呢，不过你原先就是厂里头的人，就不收你的钱了。

我在废墟一般的度假山庄里游荡了半日，仿佛在梦游。我曾经熟悉的宿舍、厂房、熏窑、食堂，连一点痕迹都没有留下，好像它们只是我的一个梦境，从来就不曾真实存在过。但分明地，我每踩下去一脚，都有一种心惊胆战的感觉，好像踩在了它们的尸骨上面，我走得步履蹒跚，像一场战争之后唯一剩下的幸存者。

我在宾馆后面忽然看到了那片荒芜破败的江南景致，它们出现在这北方的深山里，看起来有一点侵略性，有一点胆怯，还有一点滑稽。因为长期无人打理，那一点江南的情致早已变形，疯长成一种自暴自弃的匪气。继续往前，我来到世界园里，看到了那些侏儒般的小型建筑，有的只建了一半，我感觉自己像个误闯进来的巨人，它们个头矮小，拥挤而诡异地站在一起，又像是正在卖力地服役，拼命要告诉人们，这就是世界，世界其实就是这个样子的。然后，继续往前，我看到了那些用水泥做成的恐龙和怪兽，很是魔幻。风吹日晒，恐龙身上涂的颜料已经褪掉大半，露出了里面的水泥。我错愕地从一个微缩世界里一步跨进了史前，看着这个马戏班一样笨拙的史前园，竟觉得有些心酸，不忍多看。以为这就该走到头了，没料到，一个五颜六色的游乐园猛地蹿了出来，立在我面前。设备已经生锈，盘旋的过山车看上去摇摇欲坠，木马呆呆立在眼前。更令我惊奇的是，就在这游乐园里，竟然还有一块整齐干净的莜麦地，边缘清晰，像一块突然飞过来的绿毯子铺在那里。莜麦地里连棵杂草都看不见，说明这地是有人经常来照料的。

我在这片废墟里站立了很久。天色渐渐暗了下来，山林拖着自己巨大的阴影静立在四周，腕龙伸出的长脖子变成了一道蛇形的黑影，似在空中拼命探寻什么。那些矮小建筑的屋顶在昏暗中看过去，像一片阴森的墓碑。在那一瞬间，我有一种感觉，我觉得修建这山庄的人根本不是来赚钱的，他像是跑到这深山老林里来搞一场盛大的行为艺术。他用这种魔幻而天真的组合方式把这些建筑叠加起来，最后竟让它们在深山里叠加成了一种梦境，古怪而神秘。他更像一个艺术家。

我走出山庄大门的时候，那个老头还等在那里。看见我出来了，便又把铁门锁上。我说，老伯，你们村不是开了农家乐么，太晚了，我今晚不下山了，要不去你们村住一晚？他攥着那把大钥匙，似乎在黑暗中犹豫了一番，最后还是点点头，对我说，俺行就有，跟额走吧。

老头姓井。去他家的路上，我问，农家乐平时有生意吗？他摇头晃脑地说，不是和你说了嘛，平日连个鬼都不上门。当初要是不给人们念想，人们也不会想着甚开农家乐挣钱，靠甚旅游挣钱，额们在山里本来也活得好好的，有吃有喝，就是钱少点。跑回来的小子们后来又下山打工去了，得挣钱吃婆姨啊，不然这辈子就等着打光棍吧。现今村里的光棍汉是越来越多了，女子们如今都不愿留在山里，都想嫁到城里，要楼房要小汽车。额们是老了，不想动了。

我说，那个开发度假村的老板是个什么样的人，你见过吗？

他说，怎么能没见过？烧成灰也认得他。那个偶人，个头中不溜丢，平常人长相，横看竖看都不像个兔头（厉害）。

我笑笑，说，这人其实挺有意思。

他忽然扭头看了我一眼，我们在黑暗中短暂地四目相对了一下，他说，你认识这人？

我在黑暗中都感觉到了他的目光，微微一愣，说，没有没有，就是随便说说。

黑暗的森林从四面八方包围着我们，我能听见森林里传出的白骨顶苍老的叫声。老井的影子已经消失在了黑暗中，模糊一团，他看上去就像一个透明的魂魄在我前面游荡。走着走着，前面的密林里忽然渗出一点灯光。是一个小山村。

三

　　这个山村叫山水卷。在这深山里，时常散落着一些古老而优美的村名，像什么柳树底、木瓜会、佛罗汉、杏坛、青岸。

　　村里不过十来户人家，十几盏灯火撒在漆黑的山谷里，萤火虫一般微弱。刚一走进村口，忽听见一片犬吠声袭来，此起彼伏，划破夜空，有几盏灯火在犬吠声中次第熄灭下去。还亮着的几盏愈显孤寂和寒凉，似乎只要用手轻轻一碰，也会转瞬熄灭，隐遁于黑暗。山村背后黑色的山峰看上去巍峨阴森，高耸入夜空。

　　一进村我就感觉到了，这个村子里有一种奇怪的紧张，好像空气里到处飞舞着密密麻麻的神经末梢，不小心碰到一根，其他就会哗哗响成一片。我跟着老井进了他家的院子里，东面三间房，西面三间房，六间房里只有东面最里面的那间亮着灯，其他几间都黑黢黢地沉着。那间房里亮着一盏昏暗的灯泡，灯光枯瘦，整间房看上去像一颗黑暗中长出来的牙齿。院子中间有一棵枣树，树下有张石桌，桌子上还歪歪扭扭刻着棋谱。

老井让我在树下坐会儿，他去给我做晚饭。我问，你老伴呢？他指指屋里，躺着呢，是个瘫子。我正坐在树下抽烟，忽听见院子里什么地方有轻微的脚步声，脚步声在我背后忽然停住，我猛一回头，看到我背后站着一个男人。一个四十岁左右的男人，光着膀子站在那里，一只手里夹着一根烟，烟头一明一灭。另一只胳膊只剩下三分之一，创口已经被新长出来的肉包起来，包成一只稚小的胳膊，看上去像是刚刚从身体里长出来的肉蕾。男人盯着我，慢慢举起左手吸了口烟，烟头一闪，脸上倏地亮了一下，目光阴沉凶悍。

这时候，老井把晚饭端出来了，一笼山药丸子，一锅小米稀饭，一碟炒酸菜，还有一口杯高粱酒。他对男人低声喝道，连个衣裳都不晓得穿，快进去。男人并不理他，又游弋到了我对面，继续挑衅地盯着我看。他走路的时候，那只小胳膊在他身上甩来甩去，像个随身携带的玩具。老井又给我捧出一碗血红的西红柿酱，说，这是额家小子，早二十年前就下山打工去了，那时候还没什么人下山打工的。他在山下受了不少苦，有阵子还挣了不少钱，后来做买卖又全赔进去了，在山下活不下去了就又回山里来了，回来的时候就成这模样了，少了只胳膊，婆姨也跑了。

男人不耐烦地喝了一句，少说几句不行？老井闭了嘴，拿围裙反复擦了擦手，呆了一呆，进屋去了。一阵晚风拂过，树上的小青枣像下雨一样噼里啪啦落了一地，我走过去给男人递了一根烟。他就着窗户里暗黄的灯光，冷飕飕地打量着我身上穿的衣服，脚上的鞋子，又对着我的鞋子冷笑了一声，说，你脚上的耐克是真的假的？我没说话，递烟的手也没收回来。他犹豫了一下，还是接住了那根烟，又就着灯光仔细辨认了一下是什么烟。最后才叼在嘴角，啪一声，用火机点着了。

抽了口烟，他炫耀地抖了抖右侧的那只小胳膊，好像随时要打开窝着的翅膀飞走，然后又用标准的普通话问了我一句，你来山里干吗？我说，我们木材厂的人早都下山了，我就是回来看看。他眯起眼睛盯着我，回来看看？看什么？有什么好看的？我说，木材厂什么时候变成度假山庄我都不知道，这是什么时候的事？他一边抽烟，一边鹰隼般地在我面前盘旋着，说，奇怪吗？时代发展的必然结果，现在都买楼房住了，你家还用木料盖房子？

我不言语，坐到树下开始吃饭，小青枣像棋子一样敲打着石桌，不时落到我碗里一颗。吃到一半忽听见他又问我，你在山下做什么？我含糊地说，做点小生意。他冷笑两声，小生意？能抽起这么好的烟？

我没再说话，蘸着西红柿酱大口吃完了那笼山药丸子，那杯酒我一口没动，这个地方让我感到不安。山中的夜晚凉气逼人，他不穿上衣是故意的。显然，展览残肢能带给他某种快感。

我小的时候，没事就在这些山村里玩，对这些山村太了解了。因为闭塞，山村里的人近亲结婚的比较多，所以生下来的孩子要么是傻子要么就特别聪明。又因为在大山里长大，从小受的禁锢很少，山野的广袤无际使山民性格里有一种无拘无束的东西。一旦下山，之前物质和眼界的匮乏，就会导致他们充满掠夺性，每到一个地方就多一层欲望，很像当年的蒙古族骑兵。我之所以这么了解他们，是因为，我自己就是这样一个山民。

我掏出烟盒，自己点上一根，又给他递过去一根。这次他不接，因为没有了右手，那只左手看起来极长极大，关节突出，有些可怖地挂在那里。我伸出去的手只好又缩了回来。山里温差大，晚上还挺冷，他站在那里似乎打了个冷战，那只小胳膊挂在那里，像金属一样闪着寒光。我不再看他，只管低头抽烟。

然后我看到了他的两只脚，光脚穿着塑料拖鞋，又移到了我对面。只听他说，这杯酒，你为什么不喝？嫌这酒不好？我笑了笑，说，不会喝酒。他用左手端起酒杯晃了晃，又逼过来一句，为什么不喝这酒？怕有毒？我环顾了一下四周，村庄两边都是黢黑幽寂的高山，一轮金色的残月刚爬上山顶，坐在院子里也能听到来自山谷里的流水声。我看着他的眼睛慢慢又说了一遍，真不会喝。

他也盯着我看了几秒钟，忽然一翻手，把一杯酒都倒进喉咙里去了，然后使劲把杯子往桌上一蹾，继续盯着我说，看清楚了吗，有毒没？

　　我说，兄弟，哪有这样喝酒的。他像匹马一样喷着刚硬的酒气，目光开始变钝变笨重，坦克一样缓缓向我碾压过来，他盯着我说，你骗谁？做生意的还有不会喝酒的？我当年下山就是这么喝过来的，一开始给人打工，后来一步一步做到经理，后来我自己创业，为了拉客户差点把胃都喝烂，在山下那么多年，我能不知道？你倒是给我说清楚，这酒你为什么不喝？

　　我目光落在他那只肉蕾一样的小胳膊上，我盯住那里看了几秒钟，笑着说，这胳膊怎么没的？欠人钱了还不起？

　　他手里还捏着那只空酒杯，死死盯着我，并不说话。我把一只手伸进裤子口袋里，慢慢摸索着，他的眼睛又盯着我那只手，一眨不眨。我们之间的空气变得很脆很硬，玻璃一般。夜更深了，山谷里的流水声愈发清晰，近在耳侧，似乎我们此时正漂流在一条大河之上。我那只手终于从口袋里掏了出来，握着半包揉皱的香烟，我把那半包烟扔在了石桌上。

　　我们谁都没去动那半包烟。这时候，老井戴着围裙过来收拾碗筷，闻到男人身上的酒味，忽然，他伸手就在男人的后脖子上扇了一巴掌，嘴里说，又喝酒，甚也干不了还老想喝酒。男人没有还手，直直扛着脖子，一边翻起眼睛瞪着老井，那只小胳膊来回晃荡着。僵持了一会儿，他扛着的脑袋慢慢垂了下去，然后，也没和我打声招呼，就趿着两只拖鞋走开了。

　　老井在很慢很慢地收拾碗筷，并不抬头看我。我站起身来，又点了一根烟,说,由着他多说几句,少了条胳膊,谁心情都不会好。老井头也不抬地说,他觉得自己也风光过,他不甘心落下这个下场。我半天无语,抽完一根烟之后才说,刚吃过饭,我出去转转,消化消化。

说完我才忽然注意到,不知什么时候,院门已经从里面锁上了。院子里摆着一只洗衣服用的大铝盆,储了一盆水,月亮正卧在里面,像一只安静的贝壳。

老井把碗筷哗啦抱进铝盆里,月亮碎了一盆。他一边用丝瓜瓤刷碗,一边说,早些去西房里歇息吧,黑天半夜的去哪里转,山上有麻虎(狼)。

这时候我已经敢肯定,这个村庄是有秘密的。不过,在这大山里,每道褶皱里都可能隐藏着一个秘密。有的秘密如林间草木一样,从长大、凋零到腐朽,都不会有人知道它们曾经存在过。有的秘密如山间蛰伏的猛兽,即使离得很远,你也能从空气中嗅到它们身上的气味。

我想起我九岁那年,有一次来了一支测矿的队伍,在山里到处放炮炸石头,折腾了几天无功而返。那天,我一个人在山上玩,忽然碰到一个妖怪一样的老人,头发和胡子长得都快拖到地上了,指甲太长了,已经卷了回去,卷成了蜗牛壳的形状,身上披着麻袋·样的破布。我吓得半死,不敢哭,连路都走不了了,却听见老人忽然结结巴巴地问了我一句,小儿,是不是……日本人投……投降了?前两天……我听见打炮了,是哪个……部队……打的炮？原来，这是一个解放前藏在了山洞里的老兵，当年他们那支部队和日本人在这山里打仗，除了他之外全军覆没，他怕被日本人抓到，躲起来就再不敢下山，一躲就躲了几十年。

我又想起小时候在山上玩耍的时候，只要下过雨，山坡上就会露出很多白骨，还有很多龇牙咧嘴的骷髅，朝天瞪着两个黑洞。胆子大的小孩会把骷髅当皮球一样踢来踢去地玩。据说这里曾是秦朝的一个古战场。

我又想起岭底村那个面目和善的老头，据说他的老婆早就跟人跑了，下山去了。很多年里，就只有他和他唯一的女儿相依为命，那女儿长大之后也没有嫁人，三十大几快四十岁的时候，还和父亲生活在一起，寸步不离，无论种地还是赶集，都是一起来再一起走。

我又想起这大山里有一种古老的风俗，拉偏套，从前几乎每个山村里都有拉偏套的女人。就是一个女人可以有很多相好的男人，相好的来登门，没有空手来的，都讲究一个义字。要么带钱，要么带吃的，还要帮助女人家里种地。这样一来，女人就靠着拉偏套养活了一家人，给丈夫买酒，供养孩子们上学。

那次下山之后我又是好久没再上山去，等到再上山的时候，已经是五六年之后了。这次，我拎着简单的行李只身上了山，雇了几个人，在离听泉山庄不远处的山谷里，建了两间木屋。后来又从附近的村民手里买来一辆二手摩托车。

　　我再一次站在了听泉山庄的门口。大门紧锁，锈迹斑斑，门口的荒草已经没过人头。我想起了曾经在木材厂生活的种种片段，记忆如落在雪地上的爆竹碎片，使眼前的废墟看起来竟有些触目惊心。它看起来仍然不像是真的。我从小长大的木材厂就埋葬在它的下面，可是那木材厂的下面还埋葬着几百万年前的岩层，岩层的下面又埋葬着曾经的海底，几亿年前，这里遨游的是鱼虾和海兽，各种水草交缠嬉戏，贝壳伸出柔软的手脚在海底走路。那时我只要双脚腾空，就可以在这海底游来游去。

　　时间静静地埋葬了一切。

　　周围一片死寂，看不到一个人影，我于是翻墙进去了。宾馆和餐厅的玻璃都已经碎掉，一扇扇窗户张着黑洞洞的嘴巴，山风如蛇一样穿梭而过，呼啸于其中。宾馆大堂里的桌椅都还在，蒙着厚厚的灰尘，墙上挂着巨大的蛛网，只是没有一个人影。我穿过去，来到了后面的园子里，那几个园子更加破败，都已经被荒草吞没，蝮蛇在草丛间游过。那些侏儒般的建筑隐隐藏匿其中，偶尔露出一角诡异的飞檐，看上去像一片年久失修的乱坟岗。怪兽身上爬满绿色的藤蔓，在死寂中竟生出一种奇异无声的暴烈。一辆手推车扔在墙角，上面爬满了牵牛花，从车轮到车把，将那辆破手推车严严实实地缝在了里面，粉色的紫色的牵牛花盛开在冰凉的金属上。更令我惊奇的是，那块莜麦地居然还在，平整干净，傲气逼人，竟长得生机勃勃。

从山庄出来之后，我向老井住的那个村庄走去。走到村口的时候，太阳刚刚开始落山，金色的山顶闪着光，而黑暗已经开始从无边的森林深处升起。这次我看清楚了，村口有一座破旧的山神庙，庙前有一棵几人抱不拢的老槐树。三个老人并排坐在树下的大石头上，一个模子里拓出来的动作和表情，袖着两只手，目光僵硬迟缓地盯着我看。我走过去很远了，他们的目光还黏在我身上。山村里就这样，谁家如果来了一个亲戚，全村人都要跑过去围观好半天，好像是全村人的亲戚，所以我并不奇怪。

村子不大，我很快就把整个村子绕了一圈。

山村枯寂，鲜有人声，只有叮咚的流水绕村而过，竟有回声，一时让我怀疑这村子早已经变成空心的了。全村竟然没看到一个小孩，我记得小的时候我去那些山村里玩，村口的大树上经常爬满了小孩，那些小孩看起来就像是从树上刚长出来的。现在，山村里只剩下了几个石像一样的老人，他们坐在门口的石磴上，颓败的屋檐下，飘着灰白的头发，灰蒙蒙的眼珠子可以盯住人一看大半天。

我坐在河边的大石头上慢慢抽了两根烟，看着河水在我脚下一点一点变暗变浑浊，黑色的河水陡然比白天变得狰狞，流水声脱离开河水，游荡于四野。天黑下来了，一轮明月爬了上来。河边是一片古老的松树林，有一棵松树还站到了水中，倒影瑟瑟。松树高大疏朗，树下铺着厚厚的松针，踩上去柔软异常，让人的脚步声都有了兽类的警觉与轻盈。有的松树下还长着雪白的银盘和姬松茸，在月光下闪着银光。我起身走进松林，松涛阵阵，清亮洁净的月光从枝叶间筛进松林，使地上看起来像匹华美的豹子。

我行走的时候，月亮穿过树枝也跟着我无声行走，一切都寂静极了。

居然没有犬吠声。我忽然就感觉到，那个秘密可能已经被这个村庄消化掉或吐出去了。现在，这就只是一个与世隔绝的小山村，安静、苍老、弱小，被时代遗弃，随时都可能消失在大山深处。我在松林里隐约看到，村子里的几盏灯火次第亮在了山谷里。

老井家的院子开着门，我走了进去。院子里空荡荡的，地上铺着一层月光，一个老头坐在枣树下，正趴在石桌上独自下棋。枣树下吊着一盏昏暗的灯泡，在黑暗中挖出一束光柱，光柱里像雪花一样飞舞着无数只小飞蛾。我走近那束光柱仔细辨认了一下，正是老井。他埋着头，看起来很忙，一个人既下红棋，又下黑棋，刚飞出去一匹红马，又跳出来一只黑炮。我在他对面坐下，我们两个人被罩在灯光里，如同乘坐着一艘孤单的宇宙飞船，周围皆是茫茫太空。

我说，老井。他抬起头盯着我看了半天，目光由虚变实再变虚，重新低头看棋，嘴里喃喃招呼了一句，上来了？手里又跳了一个红车。他下棋，我看棋，沉默半天，我忽然像想起了什么，问道，你老伴呢？他没有抬头，说，没了，都说瘫子不好死，还不是死了，谁都要死的。我又问，那你儿子呢？怎么没见你儿子。他还是没抬头，好像也没听见我说什么，只专心看着棋盘，忽然，他用很大的力气杀出黑炮，啪一声吃了红車。吃完之后，手里摩挲着两只死掉的棋子，慢吞吞地问了我一句，你从哪边过来的？走松树林没有？在松林里没看见额家那小子？

我看了看不远处黢黑的松树林，疑惑地说，你儿子在松树林里干吗？他又捡起一只黑卒走了一步，说，他就埋在那林子里，没看见？我浑身一哆嗦，吃惊地看着他，你说什么？他把黑卒推过河，眼看着它送了死，这才慢慢抬起头，看着我说，他都走了五年多快六年了，你上次来额家，你走了没几天他也走了，也不晓得去了哪里，也不晓得是死是活，连个电话都没打过。额就在林子里给他立了个衣冠冢，额要是哪天死了，等他的鬼魂找回来的时候，好歹也有个去处。

我惊呆了，半天才问出一句，他为什么要走？他把那些黑色的棋子纷纷推进河里，目送着它们纷纷被淹死，只留下孤零零的老将和两个孱弱的士兵遥遥守在故地。他把那些棋子全部推下河之后，突然就暴怒地说，你说为甚，他好歹也是见过世面的人，也是挣过大钱的人，别人都不敢下山的时候他就下山打工去了，他在山下什么没见过？你穿的好鞋吃的好烟让他看，你说是为甚？不是你刺激了他？他还是想活出个人样给额

130

看，就他一个残疾人。

我忽然不知道该说什么，便沉默下来。月光像霜一样在院子里铺了一层，寒光闪闪。他已经重新开始摆棋，很认真很用力地把一个个棋子摆好，还觉得不够端正，搅乱又摆。他的声音却逐渐变小变弱，好像不知道自己在和谁说话，你说额家那小子要是当年不下山，就在山上放放牛，种种地，是不是也过得不赖？空闲时候还能和额一起下下棋。他下山的那些年，额老盼着他能回来，回来看看额们，可等他真的回到山上了，额又觉得他不该回来，觉得他还是在外面好。出去了的就再回不来了。

我沉默不语。

他又说了一遍，出去了的就再回不来了。

棋摆好了，他呆呆看着两队人马，看了许久许久，好像在等对方先走。对方不动，他便终于替对方先走了一步当头炮，这才像想起了什么，忽然问了我一句，你又回山上干甚来？我说，还是山上好，自在。他冷笑一声，说，现今山上的人差不多都下山去了，山上的学校都没了，人们都觉得山下好，热闹，你倒回来干甚？我又沉默片刻，说，山里清静。他笑了一声，头都没抬。

一时无话，他又寂寞地走了两步棋。犹豫了一下，我终于问道，听泉山庄那老板后来一直没回来？他忽然抬头盯着我，说，你打听田利生想干甚？我说，田利生是谁？他说，你不是想打听山庄的老板吗？就是这人。我说，没什么，就是忽然想起来问问，这人其实挺有意思。

他手里摸着一枚棋子，试探着问我，田利生是不是也欠了你钱？

我说，没。

他胡乱把那枚棋子敲下去，慢慢说，听说这偶人……盖山庄借了不少钱，还占了额们的地，现今是旅游开发没搞成，地也不能种。要能把这偶人找见就好了。

说到这里，他用眼角的余光偷偷瞟了我一眼。

我说，找见他又有什么用？

他说，怎么没用？有用，让他把这盖了一半的山庄盖完，搞旅游。

我说，你上次不是说，这人要么躲起来了，要么就是跑到南方挣大钱去了。

他忽然抬起脸来看着我，声音平平静静，真要挣了大钱额都给他放鞭炮，起码能让山庄那个烂摊子开业了。

一阵山风吹过，挂在枣树下的灯泡猛地摇曳起来，昏黄的灯光披头散发地晃动着，他的那张脸一明一灭，时而跳进光影里，时而又躲在阴影里。我能感觉到，有什么东西正从黑暗的心脏里缓缓地一步一步地走出来。

被风吹下的枣树叶纷纷扬扬地旋转于我们的头顶，好像我们正端坐在一场大雪之中。我替他推出一个红车，说，中国这么大，谁知道他去了哪里，怎么可能找得到？他手里捂着一枚棋子，并不放下，眼睛盯着棋盘说，你要是欠了债，会往哪里躲？

说罢他抬头缓缓看了我一眼。我微微一哆嗦，没吭声。

他继续道，你想那田利生自小就是在这山里头长大的，他对哪里最熟？他要在这大山里躲起来，还能被外人寻见？怕一辈子也寻不见吧？他盖这山庄把自己的钱都砸进去了，你说他要是真的在南面挣了大钱，能不回来收拾他这烂摊子？

我又替他敲了一枚棋子，看着棋盘说，你的意思是，这个人其实一直就躲在这山里？他没有言语，只从腰间摸出一张纸撕成两半，又摸出一包烟叶，卷了两根纸烟，伸出舌头舔了舔，把口封上了，递给我一根。我抽了两口，说，这人找到找不到和我也没什么关系，我就是随便问问，人家又没欠我的钱。他干笑两声，继续抽烟，一根烟快抽完了，他才半笑着说，看你这么上心，额还以为那偶人也欠了你的钱，欠了钱就把狗日的找出来，问他要钱嘛，你要说没欠那就没欠。

我已经敢断定，这些村民也在寻找那个叫田利生的人。

确实，我也想找到他，但我对他的寻找并不像真实的，更像网络中一种虚拟的游戏。

那个晚上，到很晚我才告别老卉，一个人沿着河流，朝山谷里的木屋走去。月亮大极了，近在头顶，月光照亮河流，河水闪着水银似的碎光，银盘和白桦都在月光里闪着银光，夜归之路看上去光华夺目。红纹腹小鸮的哀鸣幽深地回荡在山林里，当地人管它们叫呱呱油，它们多住在坟墓或枯树上，叫声也比别的鸟枯冷，在深夜里很容易分辨出来。一只青鼬无声无息地在我前面踱步，我停下，让它先过去。一只大花鼠攀着树枝从我头顶跃了过去，毛茸茸的尾巴在月光下甩过一道优美的弧线。

我伫立月下，看着自己被月光投在地上的影子。这影子像时间的阴面，我可以看到它，而时间的阳面，我是无法看到也无法触摸到的。它的源头也许在那些镶嵌在山体中的海洋化石里，也许在山中那些千年古树的年轮里。不知道这时间的阴面和阳面之间，是否有着一道神秘的阀门，可以随意出入往返。回到山中的这段时间，我住在木屋里，只有两身衣服来回替换，却觉得已经足够了。一双已辨不出颜色的旧耐克鞋，袜子破了洞，仍旧穿在脚上。喝山里的泉水，每日吃两顿饭，也多是土豆莜面，或是山里采来的蘑菇和野菜。除此之外，我竟什么都不需要了。曾经那些缤纷绚烂的欲望一层层褪去，如今竟有一种水落石出的枯瘦和洁净。

我抬头看了看月亮，月光像雪一样落在了我脸上。它似乎可以把一切照出原形，让一切无处隐遁。没有人知道，我其实根本不缺钱，在我随身带的那张银行卡里静静蛰伏着一笔庞大的存款。然而我发现，我对钱的概念渐渐模糊下去了。如我所料，重新回到山里之后，每日的生活几乎都不需要钱。那张银行卡终日藏匿在我贴身的衣服里，我没有一次想到过要用它。它的功能正渐渐退化，正变得与一块石头一张纸无异。有时候忽然想起它，又觉得它像一个时刻栖息在我身上的庞然大物，诡异可怖。

月光倾盆而下，整个山林如沉在很深的水底，黢黑的树影成了摇曳的水草，夜行的动物和鸟儿姿态轻盈逍遥，如水底的游鱼，连山间的石头都变成了珍奇的贝类。脚下的山路似凌空铺设而成，能一直通到月亮里去。我跟着流水声慢慢往前走，并不在意到底走到了哪里，就像多年前我高考完的那个夜晚，我沿着山沟一直往前走，往前走。那个晚上，我在心里规划好了我的一生，我决定一旦走出这大山就永不再回来，无论吃多少苦。后来，走着走着，山与天的交界处就出现了一层青色的光芒，然后，那点光芒慢慢蜕变成了玫瑰色、橙色、血色、金色。我知道，天就要亮了。

这么多年里，我时常做梦，却永远只能梦到十八岁时候的自己，我梦见自己终于去上大学了，走进教室却发现教室里空无一人，走廊里有我高中同学的背影，我拼命追过去，但怎么都看不到他的那张脸。这二十年的时间里，我渴望能追上所有的人。

现在，我只渴望被所有的人忘记。

四

山中岁月虚静，一日便长于千年。我骑着那辆二手摩托车漫山遍野地溜达，从一道沟到另一道沟，从一个村庄到另一个村庄地找人喝酒。一来是为了打发孤独，二来是为了打听一些关于田利生的消息。

找人喝酒之前，我一般要先去岭底村买点酒肉。岭底村的村口有棵大槐树，一千多岁了，快老成了妖精。树下有个小卖部，极矮小的一间房，门窗都不过巴掌大，黑乎乎的，像只螺蛳壳蹲在那里。门上终年挂着门帘，夏天是竹帘，冬天是棉布帘，棉布帘是用五颜六色的布头拼起来的，喜气洋洋的，在冬天尤其是下雪天十分扎眼。

这么小一间店，一掀帘子进去，就会被里面凶悍的香气迎头一击，像大棍袭来一般。这家小卖部常年卖自家煮的猪头肉，也不知道是用什么办法煮的，皮肉通红烂熟，异香扑鼻。有时候去得早些，便能看到一只金红色的猪头完整地摆在案上微笑，鼻子、耳朵都完好无损。他家也卖猪尾巴和猪蹄，但口感上稍逊于猪头肉。

这天，我掀帘子进去，店主戴着两只油腻的蓝套袖，正坐在猪头后面抽烟。见我进来，叼着烟挥起刀，在案板上哗哗刮两下，拍拍猪头问，要哪边？我略一端详，说，要鼻子，再要一只耳朵。话音刚落就见刀光一闪，猪鼻子和猪耳朵给我砍下装了袋。我又要了一瓶八两醉，付了钱，还递给店主一根烟。在山里，见人就递烟是一种礼仪。

我拎着酒肉，骑着摩托车晃到了葫芦村。听说这村里有个人和田利生比较熟。我知道老井和那些债主可能也在寻找田利生。与他们相比，我像一个潜在水底的人，在水波的光影里，在明暗的交替中蛰伏着，我抬起头就可以看到他们从水面上游过去的影子。斜射的阳光落入水中，穿过波纹，忽然照亮了水底的某个秘密。

我也问过自己，为什么要寻找这个与自己无关的陌生人。显然，我和老井和那些债主们找他的目的是完全不同的，老井是想让他把山庄建完，债主们是为了问他要钱。可是对于我来说，每次在月光下去看望那片废墟的时候，总觉得那坟墓般的废墟里面埋葬着一种奇特的生机。天真而骄傲，像一个少年写在日记本里的稚拙理想。

但我和老井有一点认识倒是不谋而合，那就是，这个人很有可能还在这山里。

　　走进葫芦村，我刚想问人打听有没有一个叫刘天龙的人，忽然就见一面墙上用石灰赫然刷了三个大字，天龙街。气势轩昂，大字后面还有一个箭头朝里指示方向。一种沙漠客栈里才有的杀气从这三个大字里溢出来。我沿着这条天龙街往里走，却不知道哪家是刘天龙的家。有锣鼓声在街上欢天喜地地穿梭回荡，好像大夏天就在准备过年一样。我循着锣鼓声来到一个敞开的院子门口，只见院子里有一圈人围着一只大鼓，大鼓很大，像个小房子，里面能住好几个人。三条壮汉裸着上身，正扎着马步，围成三角形隆隆打鼓。其中一个像是怕裤子掉了，不时空出一只手来提提裤子。

　　旁边还围着两个拍大镲的壮汉，金黄的大镲上系着红绳，在阳光下鲜艳夺目，大镲一开一合，状如闪电。两个壮汉如雷神一般威风。外围还围着几个妇女，一边嗑瓜子，一边盯着大鼓微笑着，也不知道在笑什么。还有一个圆鼓鼓的女人坐在地上看打鼓，一边看一边拍手，她看起来怎么也有五十多岁了，居然还扎着两只羊角辫，像个大号的儿童，但目光呆滞，看起来多半是个傻子。因为近亲结婚多，山村里经常能见到各种傻子，倒也不稀奇。

　　终于热火朝天地敲完一个段落，几个人满头大汗地歇下来喝水，一边喝一边用鼓槌敲对方的脑袋玩。我凑过去问，现在不过年不过节的，你们怎么想起来大夏天敲鼓？那个提裤子的打量了我一眼，喝了两口水才说，歇着没事情做嘛，种地本来就不挣钱，现在地也没了，被田利生租走搞旅游开发了。在外头打工一个月挣两千块钱，还不包吃住，没尿意思，还不如回山里舒坦，反正也饿不死，给人打什么工嘛。额们几个凑钱买了个鼓，没事就打鼓玩嘛，清早打，晚夕打，自家给自家寻点高兴事。

山里人喜欢打鼓倒是真的，他们对鼓有各种打法，丰收鼓、花庆鼓、牙鼓、求雨鼓。我摸摸那口大鼓，像一只温顺沉默的大动物，我小心翼翼地问道，你说的那个田利生，现在跑哪去了？一个女人灵巧地吐出两片瓜子皮，差点吐到我脸上去，只听她说了一句，鬼晓得那狗日的躲到哪去了。我只好又问，你们村有没有一个叫刘天龙的，他家住哪？一个长着一口黄牙的男人笑了，一个指头朝街上比划了一下，往里头走，要一直往里，最后一家，看仔细，就那独门独户的一家啊，就是他家。

我只好顺着天龙街一直往里走。很快一条街就走到头了，房子一家挨着一家，并没有见到黄牙男人所说的独门独户。我正在街尽头来回打转，忽然看到不远处的山坡上孤零零地坐着三间砖头房子。那三间房看起来又瘦又小，游民一般孤单又羡慕地望着村庄。我知道黄牙男人说的谜底了，最后一家啊，就是这家。

走到房前，只见屋檐下挂着一条横幅，红底白字"农民大学"，横幅在风中猎猎飘摇。门口停着一辆破旧的电动三轮车，在旧脸盆和破瓦罐里种着几株指甲花和鸡冠花，还把空鸡蛋壳扣在上面，以增加花的营养。我正猫着腰看花，竹帘一挑，从中间屋里出来一个矮个子男人。因为个子矮，看人的时候习惯性地仰着脸，好像时刻在寻找太阳的方位，向日葵一般。他问我，你寻谁？我说，我找刘天龙。他很干脆很自豪地说，额就是。我晃了晃手里的猪头肉和八两醉，说，过来找你喝酒。

他狐疑地看了我一眼，用很聪明的口气说，怕是找额有什么事吧。然后他反手挑起帘子，另一只手做了个邀请的姿势，请，屋里坐下再说。

屋里简直可以用家徒四壁来形容，一张土炕，炕上卷着两卷寒瘦的被褥。一张木桌，两把木椅，一只破板凳，墙角还卧着两只鼓鼓囊囊的大麻袋，不知道里面装着什么。我忍不住好奇还是问了一句，这麻袋里装的是什么？他朗声说，猪饲料。

他去给我倒水切猪头肉，我在屋子里到处闲逛。屋里还有个歪歪扭扭的破书架，书架上摆着几本满是灰尘的书，有《论语》《奇门遁甲》《黄帝内经》《处世谋略》《孙子兵法》《中毒与急救》《丰田车》。一只水泥板柜像棺材一样一声不吭地蹲着，大概是用来装粮食的。板柜上摆着一张照片，他和一个女人的合影，刘天龙站着，那女人坐着，女人看起来年龄比他大好多，像是他妈。再仔细一看，我忽然发现，照片里的女人正是那个扎着两个羊角辫看打鼓的傻子。

我一边思忖一边抬起头，正看到墙上贴着一张发黄的纸，最上面用挺拔的钢笔字写着"天龙报第十期"，下面的标题是"您我共同走一起，脱贫定会大风起"，再下面是密密麻麻的四字真经，我看到最后一句"谦虚互友，百川乃大"，再下面还有落款"一个想和大家一起走上精神与经济共同脱贫的农民"。还盖了一个红色的大印章"农民大学"。

这时，刘天龙把切好的猪头肉端上来了，酒杯也取来了，还在一只古董般的陶瓷茶缸里给我沏了一杯银露梅茶。我说，你自己还办了一份天龙报？厉害呀。他把两只手搭在胸前，像个导游一样向我介绍道，办农民大学总得有份自家的报纸嘛，天龙报额已经办了十期了，内容都是额一个人编一个人写，额相信再多办几期，效果就会出来，你看这句，肚中无食，身上无力，心无理念，如人无心。还是能说到点子上吧？

我点点头，编得不错。

他又移步到书架前，拿起那本《丰田车》，用手掸掸灰，拍着书对我说，额把这本书研究了最少十几遍，人家丰田车的理念是什么？就是先造人再造车，掌握丰田的生产方式，必须懂得丰田怎么培养人才，怎么造就丰田文化，你看看人才在这社会里多重要？额和村里人说，他们不听，不听额也没办法嘛，额和他们本来就没法子交流。

我指着那本《奇门遁甲》说，你还研究这个？里面是不是有穿墙术和隐身术？你学会了没？他像没听见，伸出手把那几本书上的灰尘挨个掸了掸，一一摆放整齐，有些倨傲地向我介绍道，你看额还研究中医和哲学。额得了病从来不去看医生，都是自家给自家治病，山里头什么草药都能采到，额还能给额老婆治病，还给额二叔治好过肺结核。你有没有肺结核？额可是知道一个治肺结核的秘方，还是悄悄告诉你吧，捉一只癞蛤蟆，活的，往蛤蟆嘴里塞三个生鸡蛋，用泥把蛤蟆糊住，放到灶洞里烤熟，再把蛤蟆肚里的熟鸡蛋取出来吃下去，吃了几次就把他的肺结核给治好了。额也喜欢看哲学，额认为农民脱贫是需要有哲学思想的，不然能脱了个贫？额说什么他们都不信。你看看这《孙子兵法》，额认为农民养猪一定要先看看孙子兵法，养猪靠什么？一是道，二是天，三是地，四是将，五是法，阴阳、寒暑、远近、死生都决定了你能不能养得好猪。

说到这里他又做了个邀请的姿势，请我参观他的另一间屋子。门上也挂着门帘，我一挑门帘进去，猛地看到屋里正卧着三头大白猪，不知是什么品种，身材魁梧，鼻子很长，头很小。原来这间屋子是专门用来养猪的。我说，你在屋里养猪啊，猪的待遇不错。他微微点点头，垂下的一只手翘着兰花指，这使他整个人看起来忽然有几分奇怪的轻盈。他说，外面风吹日晒，冬天把人都冻成活鬼，猪也能冻死，三间房额和额老婆又住不过来，就让出一间给猪住嘛，谁住不一样？

我说，给猪住也挺好，挺好。

这时门帘一挑，忽然飘进来一个人，说是飘进来的，是因为此人居然没有脚步声，忽然就出现在了我们身后。我扭头一看，吓了一跳，是个圆滚滚的女人。再一看，这不是刚才看打鼓的那个傻子嘛。她体形笨重肥大，但走起路来居然没有任何声音，影子一般就飘了过来。她扎着两只羊角辫，头发上刚插了几支蒲公英花，盯着我呆呆看了几秒钟，忽然咧开嘴，无声地对我笑了笑。然后又拉住了刘天龙的一只手不放。

刘天龙拍拍她的头，你这是又耍得饿了吧？然后转头向我介绍道，这是额老婆。我想起他俩那张母子般的合照，心里不免暗暗吃惊。只见刘天龙似乎犹豫了一下，但他好像很快就下了什么大决心，他抬起一只手拍着女人的肩膀，那只手上的兰花指还翘着，他的眼睛躲开我，看着我身后的三头猪，郑重地对猪说，额老婆叫花花，是额从山里头捡回来的，她一个人在山里转悠迷了路，额碰见她的时候，她都快要饿死了。和你说实话吧，她脑子有点问题，还是个哑巴，也不知道是从哪道沟跑过来的，她也讲不出来。额就把她领回家里来了，额也是一个人过，她也是一个人，俩人一起搭伴过日子总比一个人好吧。别看她有点傻，可是会认人，也能认下回家的路，每天跑出去耍，耍累了就自己找回来了，都丢不了。

我摸出两根烟，递给他一根，他说，出去抽，这里有猪，别呛着它们。我们走出去，就那么站在房前抽了会儿烟，一根烟抽完，他不似刚才那么郑重紧张，我们都仰起脸来看着天上快步奔跑的云。大山里的天空经常是一种剔透的蓝色，像一面

143

汪洋大湖悬在我们头顶。我找话道，确实，两个人过怎么也比一个人要好，一个人还是太孤单了。

他继续仰脸看云，我注意到他那只翘起的兰花指始终没有放下。认真看了半天云，像是累了，他终于垂下头，说，你这人不赖，走，伙计，回屋喝酒去。

我俩围着桌子开始一杯一杯地喝酒，那女人抱着一只塑料碗坐在我们前面的那只小板凳上，碗里放了几块猪头肉。她拿勺子吃肉，每吃一块，就抬起头对着我使劲地笑。刘天龙起身给她碗里倒了点醋，说，晓得吧，蘸着醋吃肉不腻。又坐下，眯着眼睛，把一杯酒哗啦倒进嘴里。几杯酒连着下去，自己并不吃肉，却又忙着给女人碗里添了几块肉。

他忽然一声叹息，你算说对了，两个人怎么也比一个人要好，就是和一个傻子一起过，也比一个人要好。她怎么也是个人啊，她是个伴儿啊，大黑夜里，只要身边躺的是个活人，心里头就觉得踏实。你看额这老婆，是个傻子，还不会说话，只会哭和笑，高兴了就笑，不高兴了就哭。有时候额去山里采草药采木耳，她就四处找额，额要是晚上住在山里没回来，她能哭一个晚上。你看她心里明白不明白，谁对她好，她都明白着呢，就是说不出来。额每天给她扎辫子给她做饭，还给她看病给她洗衣服，都是额伺候她，没人伺候额，可是能有个伴儿额就知足了。

我说，人是得有个伴，起码心里头就不空了。我们又干了一杯，我把烟盒放在桌上，他假装看不见，直到我递给他一根，他迟疑了一下，才默默接住。抽了一口烟，他徐徐喷出一缕青烟，拿烟的那只手还是翘着兰花指。他忽然有些伤感地说，额无儿无女，一个人过成什么样就是什么样了，额要是死了，也只有额这傻老婆会哭额，会到处去找额。额也算有点头脑的人，就是生错了地方，这个没办法，额认命。额现在就想给村民们办个农民大学，额当校长，带领全村人致富，从物质到精神上的致富。脚踏大地，手撑春天。怎么样？也是额写出来的。

我像忽然想起来什么，随口说了一句，你让我想起一个人，叫田利生，你认识这人不？我觉得你俩不知道什么地方有点像。

刘天龙放下杯子使劲一拍大腿，说，额要是不认识他谁还认识他，额在他那里打工的时候，他觉得额能写会画，很赏识额，就让额给他写山庄的宣传语，深山明珠，华北宝藏，这句宣传语听过没？就是额写的啊。

我装作恍然大悟的样子，说，原来就是你写的啊。

他神情变得肃穆庄严，个头好像忽然间也膨大了一倍，他郑重点点头，的确是额写的，盖度假山庄的时候，额可帮他写过不少东西。他还请额喝过酒，就额们两个喝，一直喝一直喝一直喝到半夜。

他指了指我的杯子，又指了指他的杯子，有些焦灼地来回比划着，试图给我解释，就是这样坐着喝，喝了两瓶好酒，就着腌狍子肉和麻油拌苦菜。他能看得起额，他是真能看得起额呀。

说到这里他忽然哽住，说不出话来，便又独自喝下去一杯酒，之后用手指抹了抹两只嘴角，定了定神才说，额知道，村里人都看不起额，额也不在乎他们看不起额，额活得很知足，有吃有穿有老婆，还有书看，还想怎样？人一辈子还不就是这样，到终了人人都一样。额知道田利生的不少事，喝了点酒，就告诉你吧，其实田利生和额一模一样，也是山沟里长大的穷小子，要甚没甚，可是人家比额有本事，挣了钱，又回山里盖度假山庄，钱不够，还能把别人的钱借来用。后来他就跑了，孙子兵法里的瞒天过海嘛。

他忽然吊起两只醉眼看着我，额早先问过他，你打包票这度假山庄能挣了钱？你猜怎么？他光是笑了笑，甚也没说，你说他这是甚意思？

我默默不语地抽着烟。

他这时候伸出一根指头慢慢朝我晃了晃，又使劲指着自己，那根指头在微微发抖，指了自己好半天才说出话来，额刘天龙一辈子就这样了，额认了。可有的人就不像额这样认命，你晓得田利生的本事有多大，他喝多了自己告诉额的，他当年下山的时候，身上就装着几块钱，晚上就睡在桥洞下面，在城里给人到处打工，什么营生都干过，连死人都抬过，后来赚了点钱还被人骗过，可是他后来还是挣到了大钱。他可是有本事的人哪。

这时候傻女人端着空碗蹭到了刘天龙身边，一边对我怯怯地傻笑一边看着盘子里的肉，见我看她便躲到了刘天龙身后，又探出一角脑袋来偷偷看我。刘天龙夹了两块肉放到她碗里，她高兴得手舞足蹈，又坐回板凳上去吃起来。我给他和我各倒了一杯酒，一口喝干，我说，连你老婆的辫子都是你给她扎的，不容易啊。

他拍着胸脯说，自己的老婆嘛，刚来了额家的时候，她瘦得像只毛猴，你看这会儿，吃胖了最少也有五六十斤。额就盼着额能比她多活几天，要是额先死了，怕她一天也活不了啊。

我想起了我的妻子，但我不愿对任何人提起她，我只愿把她埋在自己心里。我第一次见到她的时候，我刚去省城打工不久。我在城中村里租了间最便宜的房子，我开始四处找工作，一边找工作一边去大学里蹭课。城中村藏污纳垢，楼下是烟雾缭绕的麻将馆和粉色灯光的小发廊，还有肮脏的小诊所，门口挂着灰扑扑的白帘子，帘子上印着个红十字。栖息在城中村的除了村民，就是落魄的本地人和刚进城的外地人。

那晚，我一个人在楼下的小面馆里要了一碗面，一个女孩坐到了我对面。长头发长脖子，小眼睛，高颧骨，穿条短裤，光脚穿着拖鞋。她的右胳膊上有青色的文身。她也要了一碗面，然后递给我一根烟，自己也点上一根，老练地抽了一口，朝我喷出两个烟圈，嘴角半笑不笑，说，老见你在这吃面，外地人吧？我停下吃面，看着她，说，是。她说，在外面混不容易吧？

我忽然就无来由地愤怒起来，说，你管我。她撇了撇嘴角，说了句，傻×。然后朝昏昏欲睡的服务员打了个响指，给我来四个啤酒。

两瓶啤酒喝完，我问她，你是做什么的？她握着瓶脖子说，我是本地人。我说，本地人怎么了，了不起？她把酒瓶往桌上使劲一蹾，用一个手指指着我的鼻子，说，傻×，你敢再说一遍。我扔下筷子，手中握了一个空瓶子，看着她说，你到底想干吗？她呆了片刻，小眼睛里忽然泛着光，半笑着对我说，操，你知道不，你和别人真不大一样，我早就注意到你了，我看你快连碗面都吃不起了吧。我倒喜欢看你在那想事情，也不知道在想什么，哎，你说说，你倒是想出什么来了？

我手里还抓着酒瓶子，我很想告诉她，其实我考上了大学，只是我没去上，录取通知书就在我身上。但我什么都没说。

只听她又说，哎，要不咱俩处对象吧，在一起租房子能省下一个人的房租，还能一起做做饭，一个人的饭，妈的，真是不好做，剩个饭还得再买个电冰箱？再说了，这里的房租马上又要涨了，还不能月付，最少押一付三。

我说，你为什么不回家？她撇撇嘴，我自己跑出来的。我久久看着她胳膊上青色的文身，说，你多大岁数就跑出来了？她又招手要来两瓶啤酒，我们一人一瓶，瓶盖飞出去，她咣咣猛灌几口，嘴角挂着白沫，她也不擦一下，只咧开嘴，笑着说，十六，下雪天穿着秋裤光脚跑出来的，牛×不？

我们在城中村合租了一间出租屋，她有台旧电视机，还有炒瓢电饭锅碗筷等一套现成家什。她在出租屋的电灯开关上，门把手上，窗户上，都贴上了彩色的纸蝴蝶，还在桌子上摆了两个坐在一起的木偶人。在一起住了半年她都没回过一次家，也从没有给家里打过一次电话。

住了半年之后我提出要离开。那个晚上，她洗了头发，换了件干净睡衣，关好门窗，悄悄打开了煤气阀才在我身边睡下。我半夜被尿憋醒，只觉得头晕恶心，想喊人，却已经说不出话来，浑身像团棉花，我滚下床，挣扎着爬到门口把门打开，我俩才勉强捡回两条命来。此后她便没收了我的钥匙，把我关在出租屋里看电视，每天下班带饭菜回来给我吃，无论我去哪里她都寸步不离地跟着。我说，你觉得这样有意思吗？她说，你别想走，你就在家里躺着看电视，我什么苦都能吃，我也能挣到钱，我养你。

又过了一段时间，一个周末，她让我陪她一起逛街。那天她特意扎了个高高的马尾辫，显得人很精神，中指上戴着一个几十块钱给自己买的戒指，她说戴戒指就表示自己快要结婚了。她一路上都拉着我的手。逛街的时候，我借口到公共厕所里上厕所，然后，赤手空拳地从她身边逃走了。

我对坐在板凳上的胖女人笑了笑，她像一个稚童一样盯着我，然后也无声地笑了起来。

这时候我转移了话题，我说，田利生这么赏识你，也没告诉你一声他去了哪？

他的目光似乎在我脸上停留了一下，并没有聚焦起来，又很快移到了猪头肉上。他看着那半盘肉问，他也借了你的钱？

我一惊，忙说，没，我根本不认识他，我就是觉得这个人挺有意思的。

他忽然语速很快地说，怎么个有意思了？甚就叫有意思？实话告诉你吧，你想找他，额比你还想找他呢，他跑了，额的工作也没了，额那工作成天写写画画，多好。

我说，那你去找过他吗？

他点点头，说，额倒是去山水卷找过他，前几年的事，当时山水卷的村民把他藏起来了，怕他被那些要债的人收拾了。他要是死了，他们的地也没了，旅游开发的事也泡汤了，他们肯定要保护他。结果额去了也没找到他。估计是他后来又从山水卷跑了。

我说，他自己跑了？为什么？

他说，山庄盖了一半，他不得想办法弄钱？不知道跑哪去了，后来也没见他再回来，估计是没弄到钱。

我说，现在地也不能种了，度假山庄又成了个烂摊子，说句实话，像他这样的人，你们恨不恨？

他看着我慢慢地笑了，露出了一嘴炫目的黄牙，他说，说句实话吧，一亩地四百块钱，人们还是愿意把地承包给田利牛，为甚呢？因为现在种地根本不挣钱，不如包给别人还有两个租金。你说下山打工吧，额就不愿意去，租个人家的破房子，山下的人也看不起你，在自己家起码心里舒坦。现在这社会，人人都想着怎么致富，额村里的人本来还等着靠他的旅游开发挣钱呢，他倒跑了。不过田利生这个人其实并不爱钱，你是不知道，他平时连件好衣裳都不舍得给自己买，抽的也尽是赖烟，吃饭就吃一碗面，你说他要钱有甚用？所以嘛，他把挣下的钱都投到度假山庄里打水漂了。依额看，钱对他来说就是过过手，他自己都不留，恨他做甚？

我忽然就有些失态，刚倒的一杯酒居然就洒出去一半，我连声说，对，钱其实就是过过手，还不知道最后流到哪里。

我们又一连喝了好几杯，直到把一瓶酒都喝光。他趴在桌子上睡着了，发出一串轻微的鼾声。坐在板凳上的女人捧着那只空空的塑料碗，像小女孩一样看着我，我朝她看的时候，她便使劲对我笑。我指了指趴在桌上的刘天龙，试着对她说，他睡着了。她像是没有听懂，还是咧嘴对着我笑，嘴角垂下一道口水，一直滴到了手上。我摇摇晃晃地起身，走了出去。走到屋门口忽然听到后面有呜呜的声音，回头一看，却见她已经不在凳子上了，她过去抱住刘天龙，嘴里正发出呜呜的哭声。她又胖又大，刘天龙又瘦又小，看起来她像只柜子一样，能把刘天龙整个装进去。我想过去帮忙，又一想，终究还是没进去。

我离开卧在这山坡上的三间小屋，朝着自己的摩托车走去。在这山林里，即使醉酒摔倒也无妨，大不了就地在路边的草丛里睡一觉。这是我在山外渴望了多年的自在。

晚上，我举着一支蜡烛站在那张巨大的地图前。上高中的时候，我最喜欢学地理，尤其喜欢背那些花花绿绿的地图。再长的河流，落到地图上也不过是一条细细的蓝线，就像被施了魔法的龙，一直变小变小，直到最后变成了一只虫子。那时候看地图对我来说是一种享受，我会觉得自己获得了无限的自由，如大鸟一般，可以随意在那些高山大川之间往返。

事实上，在离开大山之后，我也确实流浪过很多地方，我每到一个地方，都遇到过自称是从洪洞大槐树迁徙出来的移民后代。我在广州做服装批发生意的时候，曾在一个村里见过一座王氏祠堂，祠堂里详细记载着这户王姓家族的迁徙过程，他们的祖宗是明朝洪武年间从山西洪洞迁徙过来的。

我在成都时曾经认识了一个女人，东北口音，她却说她家祖上是清朝时候从山西移民到东北的。她说她还是山西人，又问我打听关于山西的种种，说她一直想去趟山西，尤其想去五台山烧香许愿，她特别想有个自己的孩子，听说五台山许愿很灵。又说她们那个地方的人，不是移民就是流民，要么就是被派过去戍边的，没有几个是本地人。她在成都开一家按摩店，手里有几个花枝招展的姑娘。她自己四十大几了还没有结婚，无儿无女。后来她认了个十八九岁的干女儿，认亲的时候隆重摆了酒席，还邀请我去参加。那干女儿当场叫了声妈，领了一个六万块的红包。她对她干女儿说，只要你听话，肯为我养老送终，我死了以后财产都是你的。酒席上她喝醉了，抱着她的干女儿痛哭，一边哭一边不停地说，以后你把我当亲妈，我把你当亲闺女，你把我当亲妈，我把你当亲闺女。

过了没多久，她的干女儿就偷了她的全部积蓄逃走了。她反倒一滴泪都没有了，她笑着对我说，怕什么，当初老娘出来闯荡的时候也就这样，手里一分钱没有，晚上直接睡马路，不就是绕来绕去又绕回去了，地球还是圆的呢。再后来，她就消失了，不知道去了哪里。

我还曾在开封的一条老街上见到过一个卖馄饨的人，他长着一张外国人的脸，深目高鼻，却说着一口流利的河南话。我问他是哪个国家的人，他用围裙擦擦手，说，师傅，俺就是河南人，俺爷爷就是在这开封长大的，他的爷爷是北宋时候就来到开封的犹太人，来了就再没走。我说，你真不觉得自己是犹太人？他长长的睫毛在阳光下像鸟一样扑闪着，我发现他的眼珠是蓝色的，但他还是认真透顶地说，俺就是河南人，以前有人也回去过，后来又回来了，犹太人根本不认我们。

流浪的地方越来越多之后，我从大山里带出来的口音渐渐消失了，没人能听得出我到底是哪里人。我有时候会说自己是东北人，有时候说自己是山东人，还有时候会说自己是湖北人。我孤独地北伐、南征，事实上，我已无法向别人讲述我究竟来自哪里。在我看来，我出生的大山与任何地理上的划定都没有关系，它是隐藏在空间里的空间，是存在之外的存在，古老、坚固、缥缈。有时候我远远想起它的时候，都忍不住会怀疑它到底是不是真的。如果它并不是真的存在，那我便也不是一种真正的存在。那我所有的欲望和不甘也只不过是一种幻象。

夜已经很深了，还是睡不着。我披衣出门，沿着山路慢慢往前溜达。黑串在不远处发出甜润的叫声，dear，dear。一大片山林在晚风中摇摆，发出低低的呼啸声。满天都是星星，夜空就在头顶，那些星星似乎随时都能掉下来。我借着星光，不觉走到了听泉山庄的门口。那片废墟在黑暗中静默着，我隐约还能听到它的呼吸声，它看起来像极了我在城市里反复做过的那些梦境。

我坐在门口的石头上抽了根烟。山庄的梦幻感让我再次想到了那个叫田利生的男人。我能感觉得到，他一定还在这大山里，甚至，他可能就躲在离我不远的地方，一边抽烟一边默默地观察着我。想到这里，我不禁打了个冷战，起身朝四下里看去，只有寂静黢黑的山林，我却仿佛看到这无边的山林里浮出一张人脸来，这人脸越来越清晰，发着光亮，像灯笼一般飘到了我面前。他似有千言万语要和我说，却只和我默默对视片刻，便又消失了。

我打听到了，听泉山庄里那块霸气的莜麦地是属于兄弟俩的。这对兄弟都是老光棍，住在几里地之外的杏坛村，相依为命。我买了一块猪头肉，买了一壶八两醉，看那家店里卖的五香豆腐干也不错，便又称了二斤豆腐干，一起拎着上了摩托车。

据说这兄弟俩住的院子是全杏坛村最破的院子，所以很好找，我一进村就毫不费力地看到了这个院子。土坯墙塌了一半，院门是用细树枝扎起来的，我刚一进去，忽然有一只皮球那么大的小狗滚到我脚下，细声细气地冲着我叫起来，一边叫一边不停往后退。院子里有两间正房坐北朝南，西面搭了一间小棚子做厨房，房前种了几棵树，还种了一排黄瓜，有只黄瓜很老了也没人摘，大头朝下耷拉着。有个老人正抡着镐头在树下刨坑。听见狗叫便停下来，一手拄着镐头，一手搭起凉棚朝我这边张望。

我有些看不出他的年龄，只见他一头白发，脸上有一只很大的红鼻子，十分夺目，大概是因为酒糟鼻的缘故，鼻头通红，在阳光下看上去像只草莓。两只小眼睛因为害了眼病，不停流泪，只是很勉强地睁着一条缝。他驼着背，穿着一条很长的灰色涤纶裤，裤腰提得极高极高，一直提到了胳肢窝那里，又用红裤带使劲绑上，这使他看起来只有下半身没有上半身，好像两条腿直接就和脑袋连在了一起。

我心想，不知道这是哥哥还是弟弟。一边想一边朝他走去，那只小狗划着四只小短腿，一边倒退一边还不忘朝我叫几声，叫得有点敷衍，它看起来简直比一只老鼠大不了多少。我走到老人面前，他两只手紧紧扶住镐头，小眼睛十分警惕地盯着我。我对他晃了晃手里的酒肉，说，老伯，我也是这山里的，就是过来坐坐，找你们喝酒。在大山里，从一个村到另一个村串门喝酒是常事。他还是用两只手牢牢抓着镐头，沉默了片刻，忽然就语速极快极暴躁地冲我嚷了一句，额不认得你，回你行（家）去。

我正站在那里不知所措，右边那间黑洞洞的正房里忽然吐出一个人来。又是一个老人。这个老人看起来更高更瘦，拄着一支拐杖立在门口。他身上穿着一件很古老的旧军装，把扣子一直扣到最上面一颗，箍着皱巴巴的细脖子。他眯起眼睛打量了我好半天，然后朝我招手道，进锅舍（屋子里）坐坐来。

院子里刨坑的老人跳着脚喊道，你认得这人？瘸腿老人不耐烦地朝他做了个赶鸡的动作，不认得就不能说话了？快做你的活吧，管得真宽。说着，拄着拐杖把我带进了他屋子里。一进屋我感觉像掉进了山洞，周围黑咕隆咚，需要呆立片刻，眼睛慢慢适应了这黑暗，才大致看到了屋里的陈设。地上凹凸不平，有一张土炕，炕上连着冷灶，一只板柜和一只立柜一胖一瘦地站在一起，地上还有张破木桌，一高一矮两只凳子。我环顾了一下四周，发现屋里光线暗主要是因为窗户外面罩着一层牛皮纸，大概是冬天的时候怕冷，起保温作用，结果到夏天也懒得拆了，反正到了冬天还要用。

我把酒和肉放在小木桌上，说，老伯，能喝点酒不？他先看了我一眼，又盯着酒肉看了半天，好像在辨别它们的真假，然后冲着门外喊了一声，燕红啊。不一会儿，一个二十七八岁的姑娘走了进来，借着屋外的光线，我看到这姑娘长得倒眉清目秀，烫着卷发，穿一条绷得紧紧的牛仔裤。她进来看了我一眼，叫了一声，爸，咋了？他指指猪头肉，说，把肉切了，额们喝点酒。她有点不高兴地说，说不喝了不喝了又喝。但还是拿着肉去了厨房。

他坐在高凳子上，让我坐在矮凳子上，这样使他看起来有点居高临下。他指了指自己的腿，意思是那条腿不能打弯，只能坐得高高的。我说，是你闺女？他很得意地说，是额当年从垃圾堆上捡回来的，她刚生下几天就被爹妈扔到垃圾堆上了，额把她捡回来把她养大成人，还供她念完了初中，你晓得她现今在哪不？在广东，可挣钱了。

这时候我听见那姑娘对院子里刨坑的老人说，爸，你快歇歇吧，日头这么大。我心想，原来她管两个老人都叫爸爸，看来是被这兄弟俩一起养大的。别的小孩从小都是一个爸爸一个妈妈，她倒好，从小两个爸爸。这么想着，心里忽然就一阵难过。只听院子里的老人高声吼道，干不完歇什么歇？去哪儿歇荫凉？歇下来怎么活？歇下来吃甚？

过了一会儿，她把切好的猪头肉端了进来，切得薄薄的，拌了黄瓜丝，浇了醋，拿来两双筷子。我招呼她一起吃，她对我笑了笑，我给你们做面去。说罢又出去了，两条细长的腿挺好看，我心想，这姑娘在广东不知道干什么工作。

这时候地上忽然大摇大摆地走过去一只大老鼠，并不怕人，好像是按时出来散步的，倒把我吓了一跳。他却很镇定地说，额当是什么，一只毛姑姑嘛，家养的毛姑，和家里人一样。这时候我发现那筷子上面都是一层厚厚的油腻，好像几百年没有洗过的样子。他倒了两杯酒，催促我，吃嘛。我畏惧地看着那筷子，迟迟不敢动手。他慢悠悠地自己先喝了一杯，又往嘴里送了块猪头肉，嚼了，斜着眼睛看着我说，你不吃是嫌额脏，怕额下毒毒死你吧？

我忙说，怎么可能，我是不饿，早饭吃多了。他又给自己倒了一杯酒，像蜜蜂一样凑过去闻了闻，又小口喝了半杯，咂咂嘴，说，你不用和额犟，人总得动脑子吧，人不用脑子能行？人不用脑子那就是猪。你真不用和额犟，额是参加过二万五千里长征的人，参加过敌后武工队，额能不晓得？

我心里正想着他的年龄不大可能参加过长征，忽听见他使劲敲着筷子又说，你不用和额犟，怕额下毒毒死你是吧？你动个筷子不行？死不了，吃吧。我只好横下心来，拿起油腻腻的筷子夹了一块猪头肉送进嘴里。我俩碰了一杯酒，他有些高兴地说，你看，没把你毒死吧，你怕个甚？你真不用和额犟，额甚没见过？毛主席，周总理，额保证完成任务，额是民兵队长，小分队，跟额走，拿绳子捆了狗日的，这阵子就去村西头集合，快跟上额。

他脸上出现了一层梦幻般的迷狂色彩，他好像迷路了，又好像急于要靠近某种沉睡，一种古怪的沉睡绑架了他。在那么一两个瞬间里，他满是皱纹的脸上真的浮现出了几缕四十年前才有的光华，那种年轻璀璨的光华从很深的皱纹里忽然浮了出来，又在瞬间凋敝、消失。我明白了，这人可能脑子已经有点不清楚了，他已经分不清四十年之前和四十年之后的时间了。这些时间对他来说，已经如雨林里的藤萝交缠，永远地共生为一体。他甚至分不清楚自己到底是二十岁还是六十岁。

我给他满上酒，敬了他一杯，他神情恍惚地喝掉酒，嘴里又开始咕哝，你真不用和额犟，额什么都知道。

我说，我不和你犟，给我讲讲，你这腿是怎么瘸的？

他审视地盯着我看了好半天，才犹疑地说，你是上面来的干部？

我说，不是，我就是随便问问。

他有些微微的失望，但还是开口道，这腿，拐了好多年了，额在街上本来走得好好的，就被一辆车撞倒了，额可不是那种讹人的赖皮，额对那司机说，没你的事，走吧。那车就走了，结果额的腿就落了个残废。残废是残废了，不过一年能有一万块钱的残疾补贴，额和额大大（哥哥）就靠这一年的一万块钱过生活。你想想，一万块钱啊，这么多的钱还不够额和额大大花？额俩花都花不完。所以告诉你吧，不要以为额没有钱，额的钱多的是，额满足得很，一个正常人一年也挣不下一万块钱吧。额可是民兵队长，村里的民兵都得听额的，一个民兵跑过来告诉额，鬼子又进村了，额得拿枪，枪放哪了？你等着，额去问问额妈，她就躺在那张炕上，她老是病着，下不了炕，就一直在那炕上躺着，等一下，额要给她去送饭。

我下意识地扭过脸朝那张炕上看了看，炕上铺着一张墨绿色的油毡，油毡上面只有一卷油乎乎的被褥和一卷卫生纸。并没有一个人影。我忍不住打了个寒战。

五

　　那姑娘送进来两碗手擀面，刀工了得，面条切得如银丝一般，上面撒了黄瓜丝浇了西红柿卤头。然后就坐在一边看着我们，自己也不吃饭。我用叔叔对小女孩的口气问她，燕红啊，两个爸爸你觉得哪个更亲？她没说话，倒是老人喷着一嘴浓烈的酒气，用筷子敲着桌子说，哪个亲？额和他是一辈子合不来，他那脾气，见谁骂谁，连额也骂，要不是老子残废了一条腿每年能挣一万块钱，额俩吃什么喝什么？喝西北风？早把两张嘴吊起来了。

　　这时候忽听见有人在窗根下用极快的语速回骂了过来，一万块钱怎么了，没你的一万块钱还不活了？每天三顿饭是谁做？每天是谁去种地？是谁割的莜麦？老子每天给你做饭伺候你十来年了，你说甚说？

那姑娘朝我摆摆手，小声说，他们就这样，每天就在这院子里转圈，也不敢出门，也不和邻居交往，每天都要吵架，不过一会儿就忘了，他俩其实谁也离不了谁，少了一个另一个也没法活，就靠在一起相依为命呢。

屋里的老人不敢再大声骂回去，只是小声嘟囔着，告诉你，不要和额犟，人都是长脑子的，对不对？他抬起头看着我，又问了一遍，人都是长脑子的对不对？我说，对。他滋溜又喝下去一杯，然后又一杯。我说，老伯，你每天都怎么过的？他用手抓起一块豆腐干，咬了一口，细细嚼了，说，怎么活？慢慢活。

然后他低头看了看我碗里的面，说，快吃吧，里面没下毒。我端起碗往嘴里划了两口面，他见我吃了面，便笑眯眯地又问我，看你身上穿的衣裳不赖，你每天花五十块钱够不够？额看你不够。额还不知道，这社会，你肯定不止一个老婆，你说吧，你到底有几个女朋友？别以为额甚都不知道，额不会看电视？电视里演的额都记得清清楚楚，一个男的找了好几个老婆，说是女朋友。人总得动脑子的，对吧？额还是个民兵队长。

我又吃了一口面，说，我现在就一个人。他快乐地用筷子敲着桌子，你看，你看，额就说嘛，你一天花五十块钱肯定不够，你老婆和你离婚了？是嫌你女朋友多吧？好几个女朋友，一天花五十块钱怎么够？我看他挺高兴，便说，老伯，你呢，怎么一直没成家？他慢慢搬动了一下自己的那条瘸腿，就像在搬动一件笨重的旧家具，然后，他把脸慢慢扭向那张黑黢黢的炕上，他的声音听起来忽然有些悲伤，他说，额妈就躺在那张炕上，她病着，起不来，她一直就躺在那张炕上，她问额，二强，是你回来了？外面是不是下雪了？穿厚点，不要冻着了。

这时候那姑娘把酒瓶子抱走了，她说，不能再喝了，一天三顿要喝酒，都是喝最便宜的酒，四斤酒十五块钱，有一次喝得爬都爬不起来，躺了一段时间，就那段时间没喝酒，一下地就又开始喝。他哀求地看着她，闺女，再喝一杯，就一杯啊。她便又给他倒了一杯，顺便给我也倒了一杯。然后抱着酒瓶子出去了。

我俩把这杯酒也干得一滴不剩，我才问道，老伯，听泉山庄的游乐园里有一块莜麦地，可是你家的地？他昂着脖子，很得意地说，除了额家的还能是谁家的地？田利生那个偶人，一亩地四百块钱就要租额们的地，人都是长脑子的，对不对？四百块钱能花几天？花完了钱额们到哪里找人要钱去？只要还有地就不怕饿着，粮食才是额们的大事，以为额真没脑子？额是民兵队长，手下管着十几号人，毛主席，周总理，额都和他们老人家保证过的。

我说，那田利生也同意把你们的地留在游乐园里继续种？

他的眼睛看起来像是浸泡在酒精里的，通红通红，却越来越浑浊。他盯着我说，那偶人敢不同意？他不同意试试，额可是民兵队长。忽然，他趴在我耳边小声说了一句，额手里可是有枪的，谁不怕额？然后又抓起一块豆腐干扔进了嘴里，慢慢地慢慢地嚼着。

我说，那块地在游乐园里，那你们怎么进去种啊？

他有些不屑地看着我，怎么也不用脑子想想，人都是有脑子的嘛，肯定是有后门的，那后门的钥匙就归额保管。

这时候，从门外忽然跳进一个人来，冲着我们用极快的语速嚷道，你说钥匙归你保管？天天去种地的是额，钥匙在额身上，甚时候轮到你保管了？

我一看，是那个在外面刨坑的哥哥，此刻他驼着背跳到我们面前，两条腿上直接连着一个白花花的脑袋。我忙说，老伯，快歇下来吃口饭吧。他狠狠瞪了我一眼，额的活干不完就不吃饭，不像你们这些闲驴瘦马，甚也不干也敢吃饭？！粮食从地里长出来就是随便让你们吃的？你说，你打听田利生到底想干甚？

我吓一跳，忙站起来说，不想干吗，就是进去玩的时候看到你家的地还在游乐园里，种得还不赖，一年能打多少斤莜麦啊？

他吼道，地是额的，谁也别想租走，盖金銮宝殿也不行，给额金元宝也不行。

我说，没人要动你们那块地，田利生都没动，我就是想问问你们，那田利生后来到底去哪了？

他举起脸，气冲冲地对我又吼，额们不晓得，额们和他没关系，他开发他的旅游，额们种额们的莜麦。那偶人还想租额们的地？他小子试试。额现在还天每（每天）去种地，秋天就能打莜麦吃，别人家哪还有地种？现今这全村就额还有地，谁也不能动了额的地。

我被他的气势吓得后退几步，顺手拿起放在板柜上的一把扫帚端详起来，我找话说，这么软和，是不是拿马尾巴做的？他驼着背向我冲过来，一把抢过扫帚，吼道，不要动额家里的东西，甚也不要动。然后又冲着坐在凳子上的弟弟吼道，她燕红不要以为拿回来五万块钱就能吞掉额们的财产，财产是额们俩的，不能给别人，谁都不能给。回来了不就是吃额的喝额的，将来结了婚生了娃，再带回来一个小的吃额的喝额的。

弟弟瘸着一条腿，站不起来，只好使劲翻起眼睛看着哥哥说，额说藏在板柜里保险，你说会被毛姑姑咬，非要埋到地里头，埋到地里头就不会被人发现？等额们睡着了，人家偷偷进来就把钱挖走了，埋在院子里，一挖就挖到了。

哥哥又大吼，额把兀来大个坑都挖好了，棺材都能埋进去，还埋不下五万块钱？

弟弟说，人总得有点脑子吧，你到底有没有脑子？埋在院子里，黑夜被人挖走了怎么办？

哥哥咆哮着，那你倒是说，到底放到哪里保险？不埋到地里埋到你的骷髅里？

弟弟挂着拐杖拼命站了起来，哥哥驼着背冲上去，两个老人扭做一团，像动画片里的熊大熊二抱在一起嬉戏打闹。

趁他们打闹，我把口袋里的五百块钱放在板柜上，悄悄出了屋子。出门一看，那姑娘正无声无息地守在门口。她在阳光下对我笑了笑，笑容很是好看，她总让我觉得她不像是在这个家里长大的，好像和这个家里一点关系都没有。她说，从小就这样，我早就习惯了。顿了顿她又说，他们说的财产就是这两间破房。你不要怪他们，他们只是太没有安全感了，因为他们太可怜太不容易了，所以他们的任何东西都不允许别人动一下，他们怕自己仅有的一点东西都被人抢走。

我点点头，说，两个老人能养活了自己已经不容易了，能活在自己的世界里其实也挺好。她皮肤苍白，鼻子挺拔，从侧面看，下巴尖尖的，从她脸上隐约能看出她亲生父母的模样。我想，她小时候会不会奇怪，为什么别人都是一个爸爸一个妈妈，而她却是两个爸爸。只是心里想想，到底没说出口。

她看着地里刚刨出的那个坑，忽然有些疲倦地说，他们总怕被人骗了，其实就两间破房，哪有什么东西可被骗的。我这几年在广东打工，这次给他们带回来五万块钱，想让他们修修房子，可他们不愿意，一定要把这钱存起来，又不肯存到银行，说银行不安全。两人每天商量着把五万块钱保存到哪里，都商量了有十来天了，天天吵架，还是没个结果。过两天我也要回去上班了。在南方的时候，我总想回来看看，可一回来又想赶紧走掉。

我想应该对她说点什么，但终究没有再开口。

她把我送到门口，忽然说，你找田利生？早两年我就听村里人说过，田利生可能跑回他老家躲起来了，他老家那个村叫花前村，过了西塔沟，都快到老蜜沟了。这个人，我见过一次，有一次我爸爸带我去那游乐园里种荞麦，园子里没什么人，正好碰到他了，他一个人坐在木马上抽烟，见了我们还过来帮我们种地，其实人还挺和善。

这天，我骑着摩托车到镇上寄信。我每月给妻子写一封信，我从不留自己的地址，因为她根本不可能给我回信。不过这并不重要，重要的是，我一直在给她写信。

离开她之后，我辗转过好几个城市，干过各种活，又试着交过几个女朋友，却都无法长久。我仍然渴望成功，舍得用一个月的工资买一张成功学讲座的门票。我从不和过去的同学联系，也不想知道关于他们的任何消息。几年之后，我却还是在某一天回到那个城中村，四处打听她的下落，她居然还在那个城中村里租着原来的房子，当时那城中村已经被列入拆迁范围。再后来，我结婚了，我妻子就是她。结婚后我才发现，她其实比谁都适合做妻子，她喜欢默默守在我身边，喜欢做饭喜欢做家务，尤其喜欢蒸馒头。蒸馒头的时候，她总是独自待在厨房里，久久看着锅里冒出的白雾笼罩一切，她整个人会变得极其静谧安详。

庞水镇上有一个小邮局，邮局里常年只有一个男人上班。我每次去的时候，都见他穿着墨绿色的制服，像棵植物一样长

167

在柜台后面盖邮戳。我会趴在柜台上久久看他盖邮戳，怀疑他晚上睡觉是不是也在这柜台后面，因为他看起来永远都一模一样，从不曾挪动过。他并不主动和我搭话，好像他根本就不需要和人说话，他只是埋着头盖那些黑色的邮戳。

寄完信走出邮局，阳光正从一朵巨大的云里钻出来，整个世界忽然陷入了一种意外的明亮，好像到处都是崭新的，到处都在闪闪发光。我坐在台阶上抽了一根烟，那邮局里的职员竟然也走出来了，坐在我身边问我要了一根烟。他居然有腿，并且会走路，我吃了一惊。我们俩坐在那满是灰尘的台阶上各自抽了一根烟，相互没说一句话。

邮局旁边是个破旧的小诊所，诊所里有个白胡子白眉毛的老中医，看起来至少有一百岁了。诊所门口常年立着一块木牌子，上面写着几句话，"东方曰星，其时曰春，其气曰风，风生木与骨。南方曰日，其时曰夏，其气曰阳，阳生火与气，阴生金与甲，寒生水与血。"抽完烟，我骑着摩托车走了，他依然坐在阳光里，默然目送我远去。

庞水这个名字就是大水的意思，听起来颇为富丽堂皇，因为这个镇子是在三条河流汇聚处长起来的，最不缺水。建国后在这里建了一个文谷河水库，那水库在冬天的时候会结成一面洁白的冰湖，大镜子一般，明晃晃地落在群山之间。冰湖上一马平川，开阔辽远，山峰隐匿，世界忽然变得浩荡洁净，大卡车都能轰隆隆驶过去。冰湖极大极璀璨，便衬得那镇子瘦小羸弱，瑟瑟地偎依在冰湖旁边。

前几年不知从哪里传过来旅游开发这几个字，全镇的人都在摩拳擦掌，做了不少小木船在水库上漂着，但深山里鲜有人至。到了冬天，这些小木船便一起被冻进了冰湖，像琥珀里的小虫子尸体。原先的相貌还在，只是不能动了，这种沉寂会在某个瞬间里忽然给人一种无来由的阴森感。

每次经过这镇子的时候，我都会想，田利生会不会就藏在这镇子里，就在这些来来往往的人群里，每一个擦肩而过的陌生人都可能是他。他的衣角倏忽闪过，出现在月夜的山林里，湖中的倒影里，出现在山鹛的叫声中。只是，我一直无法看清那张脸。在那么一两个瞬间里，他从人群中猛地回过头来，我却忽然看到了一张和自己一模一样的脸。我惊骇地发现，我已经变成了他，或者，是他变成了我。

他像我的一个梦境，我觉得我必须得找到他。

我决定去一趟花前村。从我这里到花前村，要翻过几座大山，经过几条大沟，八道沟、大沙沟、小沙沟、末后沟、西塔沟。再往前走就是老蜜沟，已经进入了原始森林的最核心地带。那里的植被基本都成了针叶林带，到处是高大疏朗的落叶松，只夹杂着少许青杆和白杆。因为海拔高，那里只坐落着极少的几个村庄。

早晨起来，带了两个凉馒头我便骑着摩托车上路了。路过一片白桦林的时候，我听到有啄木鸟在林子里，笃笃笃，有条不紊地敲打着树干。山民们把啄木鸟叫做花牵树得木，听起来更俏皮更明艳。白桦林的旁边还有一片红桦林，一白一红，唱戏似的。红桦的树皮不像白桦那么紧致结实，看起来颇有些衣衫褴褛的感觉，但那些红色的树皮在清早的阳光里鲜艳夺目，几近于要燃烧起来了。在我小时候，就用过红桦树皮做的帽子和书包。

每翻过一座山，经过一个大沟的时候，便能听到有很远很空旷的风声从深不可测的地方奔跑而来，衣服被吹得鼓起来，像只气球，似乎连人带摩托车都能被轻轻托起来，御风而行。所以每经过一道大沟的时候，尽管被山风吹得七歪八扭，我心里却十分喜悦，感觉自己马上就要飞起来了，连笨重的摩托车都在瞬间变得轻如羽毛。

越走海拔越高，山路两边的植物从花楸、糙苏、蛇床、舞鹤草渐渐过渡到亚高山灌丛草甸带，随处可见地榆、花锚、金莲花、木贼。鸟儿也从啄木鸟、褐马鸡、斑鸠过渡到了云雀、金雕、红嘴山鸦。走着走着，便见前方群山之间，天高云淡处飞过一只大金雕，两只巨大的翅膀稳稳托着流云，睥睨一切，迎着阳光悠扬骄傲地滑翔。我久久目送着那只金雕远去的背影。

已是正午时分，腹中开始感到饥饿，我停下摩托车，把两个凉馒头吃完，趴到河边喝了几口水。河边的草地上长满了眼睛一样的紫地丁，好像遍地都是柔软的目光。吃完我继续赶路，沿着河流又走了一段路，忽然看见河边栖息着一大群羊，一个放羊的老汉孤零零地坐在河边的石头上。看见我过来他急忙向我招手，我停下摩托问他怎么了。他手里握着一支赶羊铲，脸上紫黑色的大嘴唇，笑起来的时候，嘴巴可以一直豁到耳根处。他笑着说，伙计，着急不着急走？不着急的话就跟额说几句话吧，好些天没人和额说过话了，憋死了，这羊又不会说话，羊要能说话额早就和羊捣歇（聊天）去了。

我看了看四周，除了他和一群白花花的羊，就是山林和草甸。我想了想，便放好摩托车，问他，这羊是不是都在午睡？他连忙点点头，说，它们刚吃了草舔了盐，晌午要歇两个钟头，头羊不动，大羊就不动，大羊不动，小羊就跟着不敢动。

头羊是一只威风凛凛的黑山羊，长着两盘大角，管理着一群温顺的白绵羊，白绵羊都蜷成一个团，看上去像一块块岩石。我掏出烟盒，递给他一根，自己也点了一根。我俩对着河水抽了会烟，他问我，去哪尔？我说，花前。他抬头看看天，那不远了，再翻过两座山就是。

他们放羊的一天动辄要走十几里路，所以看哪里都觉得近。一只小羊不愿再佯装睡觉，想偷偷溜走，老汉见状，并不起身追赶，只用羊铲射过去一颗石子，小羊便又乖乖躺下，继续装睡。两根烟抽完，我们到底也没说上几句话，我觉得有点对不住他，但还是决定继续上路。他也打算继续上路，便叫醒了头羊，那只威风凛凛的黑山羊亮着两只大角站了起来，于是，所有的绵羊都跟着站了起来，简直像一支训练有素的部队。山羊沿着河流往前走，后面跟着浩浩荡荡的绵羊部队。我骑着摩托车也慢慢向前走。

羊群准备过河了，这儿的河流从一片河柳里冷不丁拐出来，带着些野气左顾右盼，脚步湍急匆忙。那只山羊带头过河，走到河中央的时候，脚下一打滑，居然掉进了河里。后面的绵羊见头羊掉进河里了，纷纷跟着跳进河里，最后面的小羊们犹豫了一下，也跟着跳进了河里。顿时，一条河像煮饺子一样，漂满了大大小小的绵羊。绵羊不会游泳，只好一边挣扎着一边咩咩叫着，一边被流水冲走。

我见状，赶紧扔下摩托车过来帮着捞绵羊，老汉快要哭了，一边跳脚一边大叫，不要跳了不要跳了，你们怎么就不能长一点脑子。说罢扑通一声跳进了河里，手忙脚乱地扛起一只绵羊，再扛起一只，绵羊在他肩膀上哀哀地哭叫着，自己跳进去的，也不知道在哭什么。我们折腾了半天，最后还是淹死了好几只绵羊。老汉守着一堆绵羊的尸体，好像农民在秋天刚刚收成的棉花。

村里人要开着拖拉机过来接他和羊，而我打算继续赶路，他为了表示对我的感谢，送给了我一只刚刚淹死的小羊，说羊羔肉最是鲜嫩。我看看天色，已经下午光景了，西行的阳光开始迟钝下去，不敢再逗留，我便把死去的小羊绑在摩托车的后架上。它摸上去四肢柔软，好像还活着一样。

六

因为海拔的原因，能感觉到山林里的凉意越来越重，脚下的泥土也渐渐变成了深色的黑毡土。两边的油松和冷杉变得越来越高大粗壮，高高的树冠连得遮天蔽日，连一丝阳光都透不进来。林子里的很多地方还残留着去年冬天的积雪，这些积雪可能终年都化不掉。山林的深处隐隐能听到大鸳的叫声，阴森凄厉。

太阳已经开始落山，苍鹰的身影飞进夕阳里，接着，那最后的金色光线也一点一点消失了。即使是在日落之后行走在这样的原始森林里，我仍然没有感觉到任何恐惧，我真正的恐惧，其实都在人群里了。在我最充满征服欲的那些时候，其实也是我最恐惧的时候。我做过搬运工、洗碗工，做过服装批发，做过调料推销员，开过小超市，开过小饭店，再到酒店，再到金店。

那些往事像用玻璃垒起来的，垒到一定程度的时候，却发现一切竟是透明的，就像不曾存在过一样。那是我创造出来的一个乌托邦。

一弯冷月从山林间升了起来，云朵流动得很快，看起来像是月亮正在云层后面奔跑。山林间的积雪反射着冰凉的月光，高大的冷杉像剑一样刺向夜空。走着走着就看到，前面隐隐出现了几点微弱的灯光，那是个隐藏在森林里的村庄。

果然是花前村。我有些纳闷，这样一个原始森林深处的小村庄，终年有积雪不化，为何给自己取名为花前。村里只有七八户人家，最边上一户人家的大门洞开着，门上还挂着一盏红灯笼。山风呼啸而过，红灯笼在风中左右摇曳，血红色的灯光溅了一地。

我扛着那只死羊进了院子，院子里又是狗叫又是鸡叫，还有猪在什么地方哼哼，听起来像进了动物园。我打量了一下这院子，借着月光能看到院子里坐着三间房，奇怪的是，只有两间的上面盖了二层，而且二层比一层瘦小一圈，看上去像小孩子过家家把积木随便搭了上去。

其中一间房里亮着昏黄的灯光，我推门进去。屋里有一男一女，男的坐在自制土沙发上，很瘦小，剃着个光头，小眼睛，留着两撇八字胡，八字胡下面有两颗巨大的门牙，他正像只大兔子一样一边剥着吃花生一边喝酒。女的则很丰满，黑色紧身衣绷在身上，到处波浪起伏，一只眼睛稍微有点斜视，头发染成栗色还烫了，挂着一头卷儿，她一手端着酒杯喝酒一手往铁皮炉里扔柴。这森林最深处的村庄一年四季都得生炉子驱寒驱潮。

我说，我来这里找人结果迷路了，能不能借宿一晚上？我可以出钱。我又指了指那只死羊，说，这羊羔是今天刚死的，淹死的，不是毒死的，也送给你们吃肉。男人用小眼睛盯着我看了几分钟，又盯着死羊看了几分钟，忽然咧开嘴笑了一下，一嘴黄牙，招呼我道，伙计，来找人的？尽管住下，来，先过来喝杯酒再说。又对炉前的女人说，老婆，快去拿根猪尾巴来。然后，他又笑嘻嘻地看着我说，额可保存着好几条猪尾巴呢，自家舍不得吃，都给切人（客人）留着呢。本来还保存着个猪鼻子，一直没切人来，额就自己吃了，早知道就给你留着嘛，是不是？

女人把一条粗大的猪尾巴端了上来，还添了一个酒杯。他给我倒了杯酒，我一看，酒装在一只大葫芦里，有点仙气，喝了一口，好烈的高粱酒，感觉和喝酒精差不多。他给我抓了一把花生，说，尝尝，这是额自己种的。我剥了一个花生，扔到嘴里，生的，很涩，像是刚从地里挖出来的。我说，吃着不赖，你还会自己种花生？他抿了一口酒，有些不屑地晃晃光头，种花生？小看额了吧，你看看这锅舍（屋里）的家具，每一件都是额自己做的，柜子是额自己打的，这沙发是额自己包的，还有这房子这院子，都是额自己盖的。他又拎起一段猪尾巴朝我晃了晃，这猪也是额自己养的，额养猪，从来不喂什么乱七八糟的泔水，额就喂它粮食和土豆，吃的和人一样好，额养的猪那都是无公害猪。你去附近几道沟里打听打听额田中柱是什么人物？额不骗你，额还真是个人物。

说罢，他骄傲地和我碰了一下杯，一饮而尽，然后，剥出一粒花生，高高抛起来，用嘴稳稳地接住了。

我打量了一下周围，房间里的家具倒真不少，有床有立柜有平柜有茶几有沙发，还有两只花凳，上面摆着两盆呆头呆脑的万年青。柜子上地上还摆着很多根雕和葫芦，天花板上也挂着大大小小的葫芦，挤眉弄眼地看着我，最大的一个简直有半个人那么大，老态龙钟，像个葫芦爷爷，我好像不小心闯进了葫芦的老穴。所有的家具上都落着一层厚厚的灰，看起来已经有几千年没有打扫过了，出土文物一般。

我说，难道这根雕也是你自己做的？他不解地看了我一眼，好像我的问题着实羞辱了他，他反问我道，不是额做的是你做的？连这吃饭的木碗，看到没，都是额自己做的。这葫芦也是额自己种的，上面都刻了画的，三打白骨精，猪八戒背媳妇，要什么有什么，你要不要买几个？这花凳也卖，价钱嘛，你看着随便给，反正都是额亲手做的，几百不嫌多，几十不嫌少。

我喝了一口杯中的酒，呛得嗓子疼，但猪尾巴卤得真不错，绵软入味。我啃完一截猪尾巴，说，看不出你还这么心灵手巧。他又往嘴里扔了一颗花生米，把两只手得意地叉在胸前，我注意到他的右手上少了半根指头，使那只手看起来像某种武器一样可怕。他冷笑一声说，你以为？额当年技校毕业的时候也是个人物，额从小练过武术，会缩骨功，有一次打架被关起来了，额就用缩骨功跑了出来，再抓老子，老子还用缩骨功跑出来，看谁还敢抓老子。额还会电工，额可是一个好电工啊，所有的电路问题，不管大大小小，额都能解决。你也不去打听打听，额田中柱是谁？告诉你吧，额真是个人物，年轻的时候有人让额去国家安全局上班，只要交一万块钱就进去了，可是额不愿意，守着老婆过小日子多好。额不喜欢受人约束，不喜欢成天坐在办公室里上班，额要是愿意，早就在国家安全局上班了。额这个人就是喜欢自由快活，啊，喜欢自在散淡。额也不愿意跟他们出去打工挣那几个辛苦钱，在山里多好，守着老婆，能种地，还能上山打猎。你不知道额枪法有多准，额年轻的时候进山打猎，跟着野兽一跟就是七八天，也不睡觉，什么花豹狗熊野猪，都打到过。对了，那副花凳你到底要不要？便宜卖给你。还有那只最大的葫芦也便宜给你，上面刻着寿星佬儿。

我咳嗽了一嗓子，有些不好意思地说，我骑着摩托车，不好带啊，以后再说吧。他立刻说，怎么不好带，额给你绑在摩托车上。话音一落，我们俩都沉默了下去。沉默了半天，为缓解尴尬的气氛，我站起身来到处游弋参观，看到这屋子还套着一个里间，我便进去参观。里间地上摆满了各式各样的工具，刨子、电焊机、切割机、电圆锯、电钻、气钉枪、车床，和墙上杂乱无章的电线及一大堆插板连在一起。我忽然感觉自己像来到了科幻电影的某个空间里，周围的世界忽然就变得不真实起来，连外屋的那两个人也忽然像外星人了。这些工具上也落着厚厚一层灰，几千年没有打扫过的样子，使我意识到，这还是在田中柱的家里，我并没有游离到外星球上。

回到沙发上我俩继续喝酒，我说，老田啊，你从哪儿弄了这么多工具？他正嚼着一颗花生米，嚼着嚼着就得意地笑了起来，好多都是额自己用破零件做的，那台电焊机看到了没？就是额自己做的。我大惊，你还会做电焊机？他一边对我笑着一边忽然伸出了那只缺了指头的右手，在我面前炫耀地晃了晃，像是怕被我抢走，又赶紧收回去了。他指着那只手说，晓得这个指头怎么没的？就是被这玩意儿切下来的，就像切菜一样，那指头掉下来了自己还能动。这不，额指头少了一根，少一根就少一根嘛，什么了不起的事，额眼睛都没眨一下，额起码自由，自由多好。你说，自由好不好？

我说，对，挺好挺好，老田，我得敬你一杯酒。他高高兴兴地连喝了几杯，喝得小胡子上都是酒，在灯光下亮晶晶的。他忽然摸着光头站了起来，摇摇晃晃地走到床前，从床下拖出一只尿盆来，他笑嘻嘻地问女人，老婆，你说额尿到哪儿去呢？然后，不等老婆回答，他就叮叮当当地尿到了盆里。

为了能盖住这撒尿的声音，我大声说，老田，你家里哪来的这么多灰？怎么像刚从地里刨出来的。他心满意足地尿完，抖了抖，放下尿盆，又摇摇晃晃地回到了沙发上。他脸上的表情越来越明媚喜悦，好像一晚上发生了很多欢天喜地的大事。他指着女人说，额老婆不喜欢打扫卫生嘛，不喜欢就不扫嘛，灰多点就多点嘛，又死不了人，你说是不是？钱少就少花点嘛，又死不了人，你说是不是？额和额老婆天每（每天）都过得高高兴兴，想干甚就干甚。额和额老婆说，你想和谁睡就和谁睡，主要是图个高兴嘛，啊，图个高兴。额老婆有二十几个相好的，就是图个高兴嘛，额们过得比鸟儿还自由。

说到这里他扬起小眼睛看了看挂在墙上的歪歪斜斜的破钟，忽然说，九点了，到了额睡觉的时间了，一到点额就睡着了，额先去睡了，你们俩聊吧。说罢起身走到床前，脱了外面的裤子，穿着一条脏兮兮的绒裤钻进了被子里，然后悄无声息地用被子蒙住了头。过了大约一分钟，最多一分钟，我便听到被子下面传出了有节奏的鼾声。

那女人把手里的酒喝完，把最后一根柴扔进了红红的炉膛里，把炉门关上，然后斜眼看着我。我有些心惊，想，她为什么要这样看着我。后来一想，她的眼睛斜视嘛。那女人放下杯子，站在炉子前，两只手搭在肥硕的胸前，有点像报幕员。她沉默片刻，似乎有些犹豫，但还是问了我一句，你……不睡？我忙笑着说，时间还早，睡不着啊。她依然站在那里没动，两只手还搭在那个位置，来回搓着。

她又沉默了一会儿，忽然低下头看着自己的两只手，一缕烫过的卷发垂下来遮住了她的一只眼睛，她挑起那只眼睛，用眼风斜斜瞟了我一眼。我忽然有些紧张，胡乱拿起一只杯子，问，我口渴，哪里有水？她指了指蹲在墙角半人高的大水瓮，我走过去拿起葫芦瓢，舀水喝了几大口。

喝完水回头一看，那女人已经走到了床前，她指了指沙发又指了指地上及床上，说，你随便睡，想睡哪睡哪，额也睡了。说罢上了床，也拿起被子蒙住头，很快就无声无息地睡着了，把我一个人留在了空荡荡的地上。在昏暗的灯光下，那两个蒙在被子里的人安静得有些吓人，像两颗埋在土里还没来得及发芽的土豆。

我走到院子里点了一根烟，那只狗冲我有气无力地叫了两声便也悄无声息了。松树清冽刚劲的冷香塞满了整个院子，如同一场冰凉的大火在燃烧。只有原始森林深处才有的神秘像只巨大的野兽，无声地行走在我身边，我看不到它，却能感觉到它的呼吸就蹭着我的鼻子。月亮再次从云层后面钻了出来，冷冷注视着大地上的一切。我一边抽烟一边在院子里徘徊，我明白了，这个女人是拉偏套的。没想到，直到现在，大山深处还有女人操持着这种古老的营生。

我和衣在沙发上迷迷糊糊睡了一觉，第二天早晨，天还没亮，就见院子里已经烧起了一堆熊熊大火，火光在晨雾中挖出了一个明亮的大洞。火上架着一口澡盆那么大的铁锅，猛一看，还真的以为是架起了澡盆子准备洗澡。我凑过去一看，锅里煮的都是小土豆，老田正叉开双腿，扎着马步，用一把铁锹使劲搅土豆。我说，老田你这是在做早饭？怎么做这么多？他头也不回地说了一句，额家从不吃早饭，这是猪食。

天渐渐亮了，晨雾退去，整个院子慢慢从黑暗中浮了出来，带着点不情不愿。火堆在晨光中渐渐枯瘦下去，热气腾腾的猪食熟了。老田喂猪的时候我认真参观他的院子，发现院子里有五间房的地基，却只盖了三间，我问他为什么，老田慈祥地看着自己的几头猪，说，盖了三间就没钱盖了嘛，能盖几间算几间，是人盖房子，又不是房子盖人。

我看见院子里有棵枣树，枣树杈上挂着的玉米穗子比我见过的玉米都要小，就好奇地问，老田，你这玉米是什么品种？这么袖珍，你的小土豆也是袖珍品种？

这时候他老婆也起床了，正在院子里梳头，她打着哈欠接了一句，没钱买化肥嘛，纯天然的，可不长这么小。

我又踱步到鸡笼子前，一看，里面养着几只草鸡，一只公鸡，居然还有两只褐马鸡。我说，老田，你居然养褐马鸡，你怎么没养两只孔雀？他笑得小胡子都翘了起来，大嘴咧开，露出了三十二颗牙齿，说，以前养得更多，还有珍珠鸡，额还驯了只老雕，厉害得很，后来都死了。我说，可惜了，怎么死的？他老婆不紧不慢插了一句，饿死的。

这时候老田已经把那口刚煮过猪食的大锅洗得锃亮，他兴致勃勃地敲着大锅说，今儿晌午吃羊肉，就把你夜里带来的那只羊羔给煮了，吃羊羔肉再喝点酒，别说国家安全局，叫额去做神仙额都不去。说着说着他的口水已经流出来了，忙擦了一把。他又围着那口锅手舞足蹈，看看，这口铁锅也是额自己打的，费了不少铁哪。我大惊，你还会自己打铁？他不屑地看了我一眼，敲着他的大锅说，打铁算什么？你记住，这世上根本就没有额不会的事情，额田中柱大小也是个人物。看看这锅，煮两个猪头不成问题，煮一只整羊也不成问题。今儿吃你的羊，等额过年煮了猪头，把猪鼻子和猪耳朵都给你留着，你年后过来，放开肚子吃。

等到中午时分，果然吃到了喷香的煮羊肉。我们三人围着桌子，一边大块吃羊肉一边喝酒，他老婆酒量惊人，一眨眼就悄悄灌下去好几杯，看样子能轻易把几条大汉放翻。我惊叹，好酒量。老田一边啃羊骨头，一边说，额和额老婆说，你想喝酒就喝酒，想抽烟就抽烟，想睡谁就睡谁，人就图个高兴嘛，要不图高兴，额老早就去国家安全局上班了嘛，哪有守着老婆好？你看额家门口一年四季挂着红灯笼，不过年不过节也挂着，就图个高兴嘛。有一次额小姨子来额家，黑夜等额老婆睡着了，额就和额小姨子睡到一起了，快活嘛，人活着图甚？就图个快活。

他老婆一只脚踩在椅子上，嘴里啃着羊肉，斜着眼打量他一番，就你？

他觍着脸从羊肉里剔出几块小拐骨，拿块破布细细擦了半天，然后把羊拐骨捧在手心里，像捧着一团雪花。他笑着对老婆说，就是说个笑话逗你高兴，等额把这羊拐骨染成红色了给你玩，好不好？四个羊拐骨，还差个乒乓球，额也给你做。

七

我酒足饭饱地歪在椅子上打着嗝，慢条斯理问了他一句，老田啊，你们这村里的人是不是都姓田？他啃着羊蹄点点头，大部分姓田，几辈子以前就是一个老祖宗。我说，那你们不都成亲戚了？他说，出了五辈子就不算亲戚了。我忽然像想起了什么，问道，有个叫田利生的人你认识不？是不是就是你们村的？

他把脸从羊蹄上抬了起来，看着我忽然意味深长地笑了一下，两撇小胡子一抖动，说，额和他打小一块放牛一块耍，你说认得不认得？你说过来找人，就是找他吧。我说，这人真是你们村的？他在八道沟那边开了个度假山庄，你知道不知道？

他抱着那根羊蹄又慢慢地啃了一会儿，啃得只剩下了一根明晃晃的骨头，然后扔给了趴在地上的狗。他似笑非笑地看着我说，先说说，你找他干甚？我忙说，其实也没什么事。他说，你是不是也觉得田利生很有本事？我正不知道该如何搭话，只听他又继续道，人家十几岁就下山了，在城里到处做买卖，听说挣了大钱，可不是有本事的人？

我刚想开口，他忽然语气一拐，自己把话接上了。他声音忽然变大变粗，像他身体里住着的另外一个人猛地探出了方形的脑袋，他说，人人说他有本事，你倒给额说说看，什么叫有本事？到底什么叫本事？

我一时愣住了，但很快就明白过来，现在他根本不需要我的回答。果然，他又继续，额俩光屁股时就在一起耍，田利生有几斤几两额还不清楚？放牛他不如额，打猎他不如额，手巧他不如额，额能打到豹子，他打到过甚？种地他不如额，额一个人种了几十亩地，额能一个人盖房子，额能一个人打家具，额能用破零件组装电焊机收音机，额连剃头都能自己给自己剃，你看额这光头剃的，不赖吧？你倒是给额说说看，到底什么叫有本事？

他用缺了一根指头的右手拍着桌子，脸涨得通红，披在肩上的衣服也掉了下去，露出了穿在里面的背心，我看到背心上印着几个红色的大字，金万程轮胎。他老婆咣当扔过来一条羊腿堵住了他的嘴，她说，快少说几句吧，额跟着你没饿死就算不赖了。说罢又一仰脖子，滋溜下去一杯酒。他又要跳起来辩解，我忙说，你可能还不知道吧，这田利生为了盖度假山庄欠下了不少钱，被人到处追着要债，现在都不知道跑哪去了，他会不会就在你们村？

他呆了一呆，好像一时没听明白我在说什么，片刻之后又像恍然大悟一般，把掉下去的衣服重又披在肩上，笑嘻嘻地对我说，欠了人好多钱？怪不得你上来找他，额晓得了，你是公安局的。我忙说，不是不是，我就是想找他说说话。他独自点了点头，若有所思地说，那额晓得了，田利生欠了你不少钱，你是来讨债的。

我又要否认，他却忽然扭过脸来，神秘地笑着对我说，要是欠了你钱，那额得告诉你，额在山里头真见过田利生一回。去年额去西塔沟打猎，在林子里忽然撞见了他，他和另外两个人在一起溜达，额说，你甚时候回来的，也不回村里坐坐？他说，过阵子就回村里去，这几天忙，和朋友谈个事情。他指了指和他一起走的那两个人，介绍道，这是额的朋友，原来在八道沟的那个木材厂里上班，额们有事，先走了，回村里了找你喝酒。他们三个就走了，他后头一直也没回村里来，额在山里也再没碰见过他。

我大惊，问，他说的那个在木材厂上班的人长什么样？他又独自喝了一杯酒，歪头想了想，说，就瞟了一眼，谁能记那么真，也就是个普通人样。我说，个子呢，个子高不高？他又倒了一杯酒，却举着酒看着他老婆说，老婆啊，你看看这有本事的人到头来欠了一屁股债，你说你是跟着他好还是跟着额好啊？他老婆撕了一块羊肉，回他说，少放屁。

他又扭过脸来，兴高采烈地对我说，伙计，你说说看，你说他田利生真比额有本事？他能强到哪里去嘛？最后还不是躲回山里来了，哪有额过得自在。

说完他把杯里的酒咣当灌进了肚子里，然后，看了看墙上的破钟，忽然说，到额午歇的时间了，你坐着，吃着，喝着，额得先睡会儿。然后摇摇晃晃地站起来走到床边，娴熟地钻进了一堆皱巴巴的被子里，把头严严实实蒙住，立刻又睡着了。

回去的路上，我一直在想，如果田中柱说的是真的，那和田利生在一起的那两个人究竟是谁。可能是周龙，也可能是别的工人。难道他们一直就在这山林里没走？他们又怎么会和田利生在一起？

一只赤狐在前面闪过，它回头看了我一眼，倏忽便没有了踪影，一阵山风袭来，整个山林发出了沉闷沙哑的喘息声，我像行走在一只巨大的肺里。这山上的几道大沟都幽深不可测，没有人知道那些大沟的尽头到底通向哪里，也没有人知道这山林的深处究竟埋藏着多少秘密。想在山林里找到一个人，几乎是大海捞针。

天黑下来了。我在幽寂的黑森林里赶路，一边想起了很多往事。我想起了很多年前的夏日傍晚，那时候，木材厂还没有倒闭，我和周龙躺在厂门口那条河里的大石头上，偷偷观察工人们下班以后的动向，谁和谁在谈恋爱，谁和谁刚闹了别扭，谁喜欢一个人进山采木耳，我们都知道得一清二楚。等天彻底黑下来之后，我们躺在尚有余温的大石头上，听着耳边潺潺的流水声，看着身边飞来飞去的萤火虫。

我又想起在城市里生活的这么多年，就是在路边看到一棵树，我都会习惯性地走过去看看树底下有没有蘑菇。我父亲过世前，住在我买的楼房里死活不愿用有马桶的卫生间，一定要远远跑到公厕去上厕所。我忽然想到，让一个人彻底放弃自己的习惯真的是一件很难的事情。这个想法在已经被黑暗笼罩的森林里发出了奇异的光亮。猫头鹰藏在什么地方哀鸣，我恍惚看到路边的黑森林里静静立着三个没有脸的人，石像一般，他们正无声无息又满怀心事地看着我。

又一个黄昏，我独自来到听泉山庄的门口。木材厂改成度假山庄之后，门前的那条河还在，河里的那几块大石头也还在原处。我躺在那块最大的石头上，等待天色一点一点暗下来。半透明的黑暗像植物一样从山林里、河水里长了出来，很快就淹没了大地上的一切。我躺在那里，多年前的那些人和事如在眼前，我伸手就可以摸到他们，仿佛中间这二十年的时光其实并不真正存在过。我恍惚看到周龙就躺在我旁边，一边听流水声，一边伸手捉住了一只萤火虫。我对他说，这么多年你都去哪了？

没有人应答，只有在黑暗中愈发清晰的流水声包裹着我。我定睛往四下里一看，除了我，并没有第二个人影。山林与巨石都已经隐匿于黑暗，边缘清晰可触。不远处的听泉山庄死寂地蛰伏在黑暗中，与平时并无不同。

我连着去河边守了多夜，都没有看到任何人影。二十年前的那些人和事，再次变稀薄变透明，当我向他们走去的时候，他们朝我笑着，却从我身体里穿行而过，了无踪迹。

这个晚上，我在河边的大石头上一直坐到深夜，抽了半包烟，只听到附近有黑串在叫，开始有困意袭来，我便起身，准备回去睡觉。

从山庄门口经过的时候，我忽然就产生了一个奇怪的念头，想进去看看它半夜的样子。于是我翻墙进去，穿过那片杨树林，朝着那片鬼影幢幢的废墟走去。

一轮残月挂在高大的树枝上，大嘴乌鸦站在月亮里啼叫。我一步一步地往前走，仿佛听到脚下踩到了什么呻吟声。我有一种奇异的感觉，我只是站在了天地间的一重空间里，在我的脚下和我的头顶，还有数层空间，我认识和不认识的人正在其中来来去去，熙熙攘攘。

前面就是那幢黑黢黢的宾馆，宾馆的后面就是那几个梦境一般沉睡的园子。它在黑暗中看上去分外庞大和沉寂，我在那幢楼下点了一根烟呆呆站立了一会儿，任由四面八方的荒凉包裹着我。一根烟抽完，我用力碾灭烟头，再抬起头的时候，忽然发现宾馆的一扇窗口亮出了很微弱的光。我浑身一哆嗦，疑心是自己眼花了，揉了揉眼睛定睛再看，确实是一点微弱而惊心动魄的光亮。

我循着那点光亮进了宾馆的大门，爬楼梯上了二层，我屏住呼吸，无声无息地走到了那个房间门口。我轻轻推门，门虚掩着，一推就咯吱一声开了，散发出木质腐败的味道。

房间里有两张床，中间一只床头柜。然后，我看到地上坐着三个衣衫褴褛的人，围着一支正燃烧着的蜡烛，他们正坐在那里聊天。听到门响，那坐在地上的三个人不约而同地朝我扭过脸来。

尽管十几年没有见过了，我还是立刻就认出，其中一张脸竟是周龙。另外一张脸似曾相识，当后来看到他的那条断臂的时候，我忽然想起来了，他是老井的那个儿子。还有一张脸是我从没有见过的，一个陌生人。

他们围着一支蜡烛坐着，蜡烛的旁边摆着一壶茶。周龙看到我似乎并没有太大的意外，他让我也坐下，从床头柜上拿了一个空杯子，给我也倒了一杯茶。我喝了一口，是拿金露梅嫩叶晒的茶。

我们四个人默默地坐着，一时无话，我终于先开口道，我们有十几年没见了吧？周龙的脸在烛光里忽明忽暗地跳动着，我有些看不清他的表情，只见他点点头，说，有十几年了，时间过得真快。我说，这十几年你都去哪了？他说，哪儿也没去，我一直就在这山里。我惊讶道，你从来没有下过山？他静静地说，从来没有。我说，那你这十几年在山里都干吗呢？他似乎笑了一笑，然后沉在一团暗影里说，可做的事情太多了，打猎、采蘑菇、摘野果、晒茶叶、酿酒，晚上泡壶茶一起聊天，可以一聊就聊到天亮。

我听到自己的声音开始发抖，有那么多可聊的吗？他的脸被烛光劈成两半，一半是明的一半是暗的，我看到明的那一半在烛光里柔和地笑着，像极了多年前我们一起在他宿舍聊天的那个夜晚。然后，我听到他说，可聊的多着呢，我们想说的话连说都说不完。

我忽然想起来，宾馆的这个位置正是从前木材厂职工宿舍所在的位置。我看着那团烛光，不由得打了个冷战，踌躇半天还是说了一句，这宾馆是不是就盖在咱们厂以前的旧宿舍上面？周龙没有说话，只是坐在那里，安静地微笑着。他什么都不问我，不问我这多年去了哪里，都干了些什么，他一句话都不问。这让我越来越感到惊慌，我把那半杯茶一口气都喝了下去，还是觉得口干舌燥。

我舔了舔嘴唇，转脸对老井的儿子说，我去过你家，还在你家住了一晚，你记得不？他用那只完整的胳膊给我添了茶，月光柔软，同样安静地对我笑着说，你记错了，我从来没有见过你。我有些绝望地说，怎么没见过？你姓井，你爸爸在村里开了个农家乐，你妈是个瘫子，对不？他只笑着摇了摇头，却不再说话。

我又扭脸对那个陌生人说，你是哪里的朋友？也是我们木材厂的吗？我怎么从来没见过你。那男人盘腿坐着，上身纹丝不动，也对我笑笑，说，我就是这山里人。我问，哪道沟的？他笑着说，在这深山里，处处可为家。我忽然就脱口而出一句，你是田利生吗？

他在烛光里甚至都没有再看我一眼，只平平静静地说，朋友，你认错人了。我忽然就有些失控，我对这三个人大声说，你们认识田利生吗？就是建这个山庄的老板，我想和这个人聊一聊，就只是想聊一聊，我有很多话想和他说，我知道他想干什么，我知道他为什么要建听泉山庄。

他们三个好像根本没有听见我在说什么，周龙对那陌生人说，刚才讲到哪去了，继续啊。那人便又讲了起来……第四天晚上我偷偷去天桥下一看，他还睡在那天桥下面，他的那匹白马就拴在旁边。白天这里不许流浪汉放铺盖，他白天就骑着马在城市里到处捡垃圾，靠吃垃圾为生，只要看到有字的纸就捡起来保存着，他把这些有字的纸攒起来装订成一本厚厚的书，晚上就躺在马路边看这本书。我偷偷躲在一边，见他躺在了路边，在身上盖了一条很脏的破被子，捧起那本自己装订的书，很认真地一个字一个字地看着。我觉得不忍心，便忽然从暗处走了出来，他有些吃惊地看着我。我要给他放下点钱，他坚决不要，我拿出一个面包给他，他也坚决不要。我在他面前呆呆站了一会儿，说，你的马怎么办呢，城市里没有草原，它吃什么？他说，我的马从来不吃草。然后他又低下头去看书，我只好离开了。到了第五天晚上我又去天桥下一看，他已经不在那儿睡了，他的马也不见了。因为我发现了他，所以他骑着马走了。以后我再也没见过他……

我忽然有一种天方夜谭里的感觉，山鲁佐德为了活下去，必须在每天晚上给国王讲一个故事，而且从来不能讲到结尾。我想，他会不会就是田利生，他被另外两个人绑架了？为了活下去，他得不停给他们讲山外面的故事？可他讲得津津有味，甚至都不看我一眼。我又想，也许他真的不是田利生，他就只是一个陌生人。听到后来，一阵困意袭来，我居然睡着了。

第二天醒来的时候，我发现房间里只有我一个人，那三个人都没有了踪影。我环顾了一下房间，很久没有人住过的样子，玻璃已经碎掉，地上、窗台上落满了灰尘，床头的油漆剥落下来，整个房间里散发着一种腐朽的霉味。我有些怀疑昨晚看到的三个人只是一个梦境，但是一低头，我看到地上有蜡泪的痕迹，床头柜上还摆着那只我昨晚用过的空杯子。

连着几个晚上我又去听泉山庄等着他们，我彻夜站在黑暗中寻找一扇透出烛光的窗户，但是，没有，他们再没有出现过。

我终于做出了决定，接手听泉山庄的烂摊子，重新把中断了几年的土地租金付给山民们，把重建山庄的很多工程也承包给了当地的山民们，我给他们开出很高的工资，在外面打工的那些小伙子们又纷纷回到了山里。我还请了设计师来专门设计山庄里的那几个园子，把从前留下的废墟重新修葺一遍。江南园里亭台楼阁，移步换景，新建起了明月楼、花药馆、饮绿轩、听风阁。园中新挖了一池湖水，拱桥卧于湖水之上，湖边柳树成行，傍晚夕阳西下之时，万千垂柳临风摇曳，如烟如雾。湖中种了荷花养了锦鲤，可以泛舟，可以观荷，还可以凭栏赏月。假山奇石间曲径通幽，花药杂草隐没其中，只闻幽香沁人。

整个山庄更加像一个不真实的梦境了。

我把我银行卡里那笔庞大的存款全部用了出去，一分钱都没有留下。我用了二十年历尽艰辛攒下的这笔钱，如今它如流水一般悄无声息地流走了。我张开双手，手心里空无一物，心中却万般宁静柔软。

在山庄正式开业前的那个晚上，我又给妻子写了封短信，信中写道，"时间说慢也慢，说快也快，有时候觉得一辈子其实也不过就是一眨眼的工夫。只要我们的魂魄还在这个世界里，就还有相见的一天。我在这里过得很好，山川沉静，斗转星移，它们是如此的牢固而长久，没有人间的一切变数。钱在这里没什么用处，在这里几乎不需要花钱，我的每一天都过得很平静很自在，没有什么可以再绑架我，相信你也一定会喜欢上这里的。"这天正好是我妻子去世三周年的忌日。

那时候她已经生病几年了，病情日益沉重。她去世的前一天晚上，忽然爬起来，动手给我蒸了很多馒头，各种形状的馒头，燕子形、佛手形、石榴形、莲花形。我不忍多看，也不忍阻止，只说，蒸那么多能吃得完吗？她也不说话，细细把面团捏成各种动物和花卉，放进锅里。出锅的馒头白胖雀跃，散发着人间最结实最朴素的气味。最后，她关了灯，躺在我身边，我把她抱在怀里，她已经变得极轻极瘦，像个小女孩一样，没有一点分量。我们就那么拥抱着，久久无语。晚风从窗户里吹进来，纱帘像烟雾一样弥漫在屋子里，摞在桌上的一堆馒头在黑暗中绽放出小麦的清香。我以为她快要睡着了，却听见她的声音忽然从什么遥远的地方飘了过来，很轻，像片羽毛，还有些欢快，她说，你本来是可以去上大学的，可惜没上成。我每天晚上睡觉前都要担心，一觉醒来你已经不在了，现在终于不用担心了。

山庄开业之后，只有前三个月有陆陆续续的游客来玩，山上的，山下的，有单独来的，有三五成群结伴来的。三个月之后，山庄里已经基本人迹罕至。我知道，过不多久，山庄的铁门又会重新锁上，那把大铁锁很快就会变得锈迹斑斑。

我毫不惊奇。因为，这一切我从一开始就知道。

八

又一个深秋来到了，大山里再次变得绚烂而萧瑟，五光十色的树叶纷纷扬扬地飞舞在金色的阳光里，大喜鹊几口就吃掉了一只山梨，松鼠们坐在树下耐心地打磨橡果。山庄的大门早已经锁上，很久没有再打开过了。

这个深夜，满天星光，一条灿烂的银河从头顶迤逦而过。我在山中独自溜达，不觉来到山庄门口，便点了一根烟，在荒草里的一块石头上坐了一会儿。夜露寒凉，打湿了我的衣服，我正准备起身回去，却忽然看见有个人影正立在山庄门口。是个男人的身影，中等个子，我看不清他的脸。只见他站在那里，隔着铁门朝里面张望了很久，然后他掏出一根烟，点上了，一边抽烟一边有些快乐地哼起了一支小调。一根烟抽完，他碾灭烟头，又趴在铁门上，留恋地朝里面看了一眼，然后转身离去。

他慢慢消失在了黑暗中。

我想冲着他的背影大喊一声，田利生。但终究没有，我只是站在原地，目送着他的背影一点一点地消失在了夜晚的森林里。

然后，我裹了裹披在肩上的衣服，慢慢朝我的小木屋走去。

天 物 墟

一

　　去年秋天，我终于回了一趟磁窑。

　　磁窑是地处晋西北深山里的一个小村庄，据我父亲说，那是我们的老家。只是村庄早已废弃，现在已经没有人住了。所以他从来没有带我回去过。不过他时常对我提起老家，说村口有棵千年大槐树，村边有条河，古代叫塔莎水，后来不知为什么被改成了磁窑河，说他小时候在山里经常能摘到各种野果和蘑菇。他还对我说过，磁窑村的历史说起来怎么也有四千多年了，在古代曾是烧制瓷器的官窑；在他小的时候，村里还发现过唐朝的月斑彩釉和铜红釉的瓷片。

　　父亲原是县五金厂的一名车工，后来五金厂倒闭了，他就去和别人合伙做生意，结果生意赔了，他又跑去内蒙古贩羊皮，在内蒙古待了两年，又是失败而返。此后他就在家里赋闲了一年多，在院子里养了一只八哥，一只狗，天天教那只八哥怎么骂狗，又教狗怎么跳起来恐吓八哥。时间久了，那八哥能说一口极其娴熟的脏话，张口就是，你妈个×。那狗则练出了一身上好的弹跳功夫，一蹦多高，简直像长出了两只翅膀。此外就是精心伺候他的两棵葡萄树，他给它们搭起了拱形的棚子，像服侍残疾人一样把它们的手脚都扶上去，由着它们慢慢爬上架子，舒舒服服地躺在了上面。

等到葡萄刚开始发紫的时候，麻雀和喜鹊都闻讯赶过来抢葡萄吃，他便在葡萄架下立了个稻草人，穿上他的旧毛衣，戴着他的草帽，手里拿着一把蒲扇。可是鸟儿们一眼看穿了蠢笨的稻草人，吃饱的间歇还在稻草人头上休憩片刻。他便把自己装成稻草人，手里拿着蒲扇站在葡萄架下，一见鸟儿过来就使劲摇着扇子，跳起来吓唬它们。

可是冬天葡萄都要入窖冬眠，叶子彻底落光之后，它们谢幕而归，沉睡在了温暖黑暗的葡萄窖里。他连葡萄树都没得伺候了，越发孤独。那只八哥竟然得了抑郁症，终日站在笼子里一言不发，也懒得再骂人。狗没有了对手，只好在大街上到处找野狗玩。他在母亲的训斥下，忙着做煤糕和照顾大白菜，把煤糕做得四四方方的，整整齐齐地摞起来。怕大白菜冻着了，又给它们加了床破棉被，还要不时下地窖去看望一下土豆们。万一发了芽，就不够撑到来年了。

第二年开春后，冰雪消融，那只八哥郁郁而终，他咬着牙把狗送了人，把苏醒过来的葡萄树重新搀扶上架，忽然就一个人回了老家，只说是回老家做生意去了，并没有详细告诉我们做的是什么生意。此后他就很少回家，只在过年的时候才回来住几天，给家里带回来些钱，扛回来十几斤羊肉，顺带一个羊头，羊头上的眼珠子还没摘，灰蒙蒙地瞪着人。一过正月十五，大红灯笼还挂在门口，他就又匆匆赶回去了。

前年过年他回家的时候，我发现他身上忽然多出块玉璧。从小到大，我从未见我的家人们玩过这种风雅的玩意儿，看着十分扎眼，觉得不像是他的东西。但他像个古人一样把那玉璧随身带着，走到哪里都握在手中反复把玩，看着更是扎眼。一天中午，我随手翻着一本书，母亲在厨房里做饭，他缩在窗前的阳光里，温柔地抚摸着那块玉。冬日的阳光留在窗台上的脚步毛茸茸的，像一只猫正在那里无声行走。破碗里栽的蒜苗刚长出来，头发丝一样柔软，玉璧上的饕餮纹却看上去多少有些狰狞，这块玉璧使他整个人看起来忽然有了几分远古时代的巫气。他还故意当着我的面翻看一本书，是一本关于玉器鉴赏的书。我已经很多年没见他翻过一本书了。只见他戴着老花镜，端坐在椅子上，用指头指着，一个字一个字地往下看，一边还低低读出声音来，好像小学生在认字。看了几页，书合上了，眼镜还舍不得摘，一直挂在鼻子上，直到睡着。

我九十年代技校毕业后就进了工厂做检验员，结果刚工作了两年多工厂就倒闭了。此后我就成了个无业游民，一直找不到正经事情做，只能到处打些零工。因为没有一份正式稳定的工作，又不肯将就，高不成低不就，导致我一直没有结婚，转眼就晃荡到了四十出头。想想自己从小也算个爱读书的人，写在日记本上的理想少说也有十几个，不是作家就是植物学家；有段时间在冬夜里认识了天狼星，第一次看到了壮丽的银河，被震住了，还幻想过将来当个天文学家。当年考技校的时候，也是班里拔尖的学生。父母亲说，还是考技校吧，技校毕业了早点工作，就是大学毕业了不一样也要工作。结果，工作是挺早的，我十九岁就参加了工作，却在二十二岁就失业了。后来只要想想自己的学历，就觉得心里窝着一股火，这种委屈又没法和人说，所以我和父母的关系也不是很好。

看着他忽然摆出一副玩玉的风雅派头，我不由得来气，再看看镜子里的自己，头发长了也不剪，指甲已经被抽烟熏黄，活脱脱一个邋遢的中年男人，又想到父母亲近两年里老是在偷偷观察我的脸色，不由得对自己一阵厌恶。我没好气地说，你又不懂玉，还每天摆弄这个。他犹豫了一下，支棱起耳朵，问，你说什么？我想，他并不是真的听不见，他只是需要时间来反应一下。我没有搭腔，果然，过了半天，他才有些心虚地说，你不知道，玉这个东西就得靠人养着，越养越好。顿了顿，他还想说点什么，但偷偷看看我的脸色就没再多说，只点起一根红塔山烟抽上了。

晚上，他自斟自饮了二两小酒。我酒量其实还可以，但从不陪他喝酒，他也从不叫我。喝完酒，他红着眼睛，伸手在脸上慢慢搓了几把，像刚睡醒一般，又在椅子上呆了一呆，然后便独自进了里屋，连灯也不开。我以为他真去睡了，不小心闯进去，忽见黑暗中只浮动着一张满是皱纹的脸，灯笼似的飘着，吓我一大跳。他正用手电筒照着那玉璧反反复复地欣赏。见我进来，他一把抓住我的胳膊，因为喝了酒，我再摆脸色他也看不见了。他举着玉璧的手在微微发抖，目光也随之缓缓举起来，手电筒光穿过玉璧，在墙壁上浮动着一层涟涟的光华，好像有月亮正在屋里升起，月光静静地落在了墙壁上。

他说，我教你怎么认玉吧，学会了也是个本事。

我说，我不学，用不着。

他不管，抓着我的胳膊不让我走，你看啊，真玉都是透光的，里面还有道水线，要是在里面能看到小气泡，那肯定是用玻璃做的。比如那种阿富汗玉，是用方解石做的，但做得再怎么像，那也还是假的。要是古玉的话，上面一般都有沁色，要学会看上面的沁色，黑的是水银沁，红的是血沁或朱砂沁，绿的是铜沁。玉器埋在地下能吸人血变成血沁，所以造假就能造出狗血玉。我给你讲讲狗血玉是怎么做出来的啊，你可要长个记性。

我不耐烦地说，不用给我讲。

他像没听见，抱着我的胳膊大声说，把假玉烧得通红，再把活猫活狗的肚子上划一刀，趁热把假玉塞进猫狗的肚子里，然后再把猫狗埋到地下。过一年再挖出来，你看吧，假玉上面就有了血沁，看上去和真的也差不多，骗人说是古玉，一卖卖个大价钱。以后你可千万不要上这个当。

我说，哪来那么多当可上。

他向我支起一只耳朵，你说什么？见我不吭声，便慢慢放开了我的胳膊，又有些不放心地站在我旁边，似乎怕我会跑掉。沉默了一会他忽然自言自语道，你是不知道，现在假玉多着呢，多个本事总不是坏事。

过了几天，黄昏时分，阴沉的天空里飘起了大团雪花，天地间一片苍茫。我一边等货，一边蹲在雪地里抽了几根烟，把烟头一根根插在雪地里，烫出一排整齐的小洞来。一个刚补完课的女学生背着一个巨大的书包，骑着一辆旧自行车冲了过来。在漫天的大雪中，她忽然放开了双手，快乐地大笑着，迎接着漫天的雪花，然后便轰隆一声摔倒在地上，却还是笑着爬起来，拍拍身上的雪，接着骑了上去。我久久看着她远去的背影，忽然想起了年少时候的自己，那时候，一切都还来得及吧。大雪很快覆盖了小洞，大地上的一切都在迅速消失，包括所有的往事。夜晚乘着风雪再次降临，我终于顶着一身雪花回了家。

屋里的炉子烧得通红，炭在里面噼啪炸响，父亲戴着眼镜，就着一盘花生米正在窗前喝酒。见我回来了，他忙把两只手在衣服上来回搓了搓，站起来摇摇晃晃地抓住我说，你可回来了，快过来，我教给你怎么认玉。我没有理他，把身上的雪掸了掸，然后站在炉边烤着两只手。他小心翼翼地凑了过来，想说话又不敢说，一边看着我的脸色，一边还是断断续续地说，古玉上面的花纹都是有讲究的 …… 有兽面纹的玉，一看就是商周时候的 …… 蝌蚪纹一看就是西汉时候的玉，记住了吧，是西汉时候的玉。

他可怜巴巴的目光落在我身上，我不忍心去看他，这不忍心又让我忽然变得愤怒起来，我说，能不能把你的眼镜摘掉再说话。他好像被火光烫了一下，猛地往后退了一步，却又习惯性地支棱起一只耳朵，问，你说什么？我抬起头，看到窗外的雪越来越大，天地好像都要被缝到一起去了。屋里没有开灯，他放在桌上的那块玉璧像夜明珠一样，在昏暗中吐出了水波似的光芒。他在那里呆呆站了半晌，没有再说什么，只默默地把眼镜摘了下来。从初一到十五，他在哪里，那玉璧就跟着在哪里，他看起来陷入了一种前所未有的痴迷。他吃饭养着它，睡觉养着它，他和这玉璧几乎已经长到一起了，这玉璧像是他身上新长出来的一件器官。

那段时间母亲刚从街上打了一口铁锅回来，怕铁锅生锈，成天小心伺候，专门炼了一罐雪白的猪油，日夜用猪油养着。这使得这口铁锅即使闲卧在灶台上的时候，也散发着一种强大的气场。

家里自从养了这些没有生命的物件之后，不同于从前养狗养八哥的热闹，倒像忽然住进来几个会隐身的远方亲戚，就算看不到人，仍然会觉得家里多了几个人，有一种阴森森的拥挤。

很快正月十五也过去了，日子照旧，我仍是每天骑着电动车给人送货。那天晚上，我很晚才到家，回家一看，母亲已经睡下了，父亲居然还没走，正坐在桌前慢慢喝酒，就着一碟油炸花生米。他坐在椅子上，像小学生一样把两只手搭在膝盖上，有些怯怯地招呼我，要不，过来喝点吧？

我想了想，顾不得洗把脸便闷头坐下，他给我倒了一杯酒。我们什么话都没说，闷坐了一会儿。喝下几杯酒，他才终于看着桌子说，当年让你去上技校的事，不要怪我，这个社会变得太快，是我老了，跟不上了。我心里忽然就伤感不已，也没有抬起头去看他，又默默喝下去一杯。他忽然从怀里贴肉的地方掏出一样东西递给我，我一看，还是那块玉璧。但它忽然就让我吃了一惊，在灯光下，它散发着一种奇异的光芒，像是被什么东西唤醒了，我感觉到有一双眼睛正与我对视着，明净神秘，它居然长出了目光。

他的那只手一直向我伸着，我看到他的指甲很久没剪了，指甲缝里有很多污泥，还有个指甲已经从中间裂开了。我听到他对我说，这是给你的，我把它养好了。声音竟有些欢快。我还是不敢抬头看他，也不敢把那玉璧接过来，心里只觉得有种说不出来的害怕。然后我借口说已经喝得头晕，要睡了，便起身回屋，忽听见他在我背后说了一句，抽空回趟老家吧，回去看看。声音还是很欢快。

第二天早晨一醒来，我便闻到屋子里弥漫着刚劲结实的酒气，好像有很多金属兵器正埋伏在空气里。我走到窗前打开窗户，呼吸了几口早晨清冷的空气。转身却看到父亲已经趴在那张桌子上睡着了，睡得很死。瓶里的酒喝得一滴不剩。那块玉璧端端正正地摆在桌上，安详而诡异。我想起父亲昨晚莫名欢快的声音，心里忽然就一阵突如其来的难受，好像麻药的力量终于过去了，疼痛却加倍袭来。我走过去轻轻推了推父亲，想把他叫醒，他的身体却已经开始发僵发硬。他从我的手里缓缓滑到了桌子底下。

父亲的骨灰在家里陪了我和母亲半年之后，我决定把他带回老家，那个叫磁窑的小山村。我记得父亲对我说的最后一句话是，抽空回趟老家吧，回去看看。

村口果然长着一棵老态龙钟的虎头槐，实在太苍老了，估计要十来个人才能抱得拢。树根如巨型龙爪牢牢扣在大地上，树冠高大却枝叶疏朗，能看到枝叶间最少筑了七八个鸟窝。鸟窝都很大，看样子也是鸟中的豪族，避在这世外的地方逍遥。不时有一只肥硕的大喜鹊忽然从枝叶间窜出，剪开黑白的羽毛滑翔而过。我特别喜欢看那些冬天的树，原因之一就是，树叶全部落尽之后，骨骼般的干树枝上却不顾一切地挂着一只小小的鸟窝，像大树在寒天中坦露出了自己的心脏，温柔极了。

槐树旁边卧着一块大石头，上面刻了四个字，华夏磁窑。我忍不住倒吸了一口凉气，这口气，真不小。槐树后面是个破旧的古戏台，三面观山门，戏台下埋有几口大瓮做回声器。屋檐上长满荒草，两边的厢房上面，一边刻着"日光照"，一边刻着"月亮明"，腐朽的木柱上隐约可见几个斑驳的字"击鼓鸣琴歌……"。

　　整个村庄坐落在快到山顶的地方，旁边绕着一条小河，这应该就是父亲说过的那条磁窑河。一片用石头垒起的房子参差错落在枣树间，不知是哪个朝代留下来的。院墙都是用碎石、瓦片和大大小小的陶罐砌起来的，一只只完整无缺的陶罐像海洋标本一样被封存在墙里。上面的花纹都还清晰可见，有刻花、剔花、印花，有吉语，颜色有黄、绿、红、酱。有的院墙已经彻底坍塌，只留下一扇孤零零的院门悬立着，像连着另一重神秘的时空，院门上多雕刻着祥禽瑞兽、花鸟鱼虫。沿着石阶而上，我才慢慢发现，连村里的厕所、猪圈、羊圈都是用各种陶罐砌起来的。路边随处可见陶器和瓷器的碎片。

　　等走到村子尽头，便看到一处早已废弃的古窑场，窑场附近铺着一层厚厚的碎瓷片，在阳光下闪闪发光。然而整个村子里看不到一个人影，一片久已干枯的死寂，好像所有的人在某个神秘的瞬间集体消失了。我踩着厚厚的碎瓷片，在巨大的寂静之下，竟能感觉到这个无人的村庄里藏着一种过节般的陶醉和快乐，如喝多了酒，整个村庄都沉睡在这种奇怪的陶醉之中。碎瓷片像花朵一样开满了整个村庄，在阳光下几近于要燃烧起米。

　　踩着碎瓷片再往上走，是一面峭壁，在这峭壁上居然有六孔废弃的老窑洞。走近了仔细一看，没有门窗，窑洞里面很粗糙，穹顶和地面上都抹着一层厚厚的白灰，坚固如花岗岩，这可能也是老窑洞能保存下来的原因。窑里有火炕，灶里似乎还有残余的灰烬。

我从窑洞出来环顾四周，发现左侧有一座小小的破庙，已经几乎被草木吞噬殆尽，只露出一角诡异的飞檐。我想走过去看个究竟，但路径早已经消失不见，只能小心拨开树木草丛。走到跟前只见门窗朽坏，挂满蛛网，一推便嘎吱一声开了。庙极小，里面只坐着一尊孤零零的红脸泥塑，颜色脱落大半，正猝不及防地瞪着我。

从庙里退出来又原路返回，忽见前方多了两个人影，竟把我吓了一跳，在这无人的村庄里，不知他们是忽然从哪里冒出来的。走到跟前才发现是一老一少，老人手里提着一只尿素袋子，正在地上挑拣碎瓷片，孩童跟在后面帮着拣。他们看见我这么大一个活人立在那里，竟像没看见一样，继续低头捡瓷片。我凑过去，看到这二人都衣衫褴褛，老人脚上穿着一双发黄的大头解放鞋，孩童脚上穿着一双巨大的旧球鞋，但两人都气质异然。我问，老伯，捡这个有什么用？他捡起一块瓷片，眯起眼睛，对着阳光端详了半天，轻轻扔进了尿素袋子里。然后头也不抬地说，拿到鬼市上去卖，这里面有文物。我大惊，哪里有鬼市？他放下袋子，在一块石头上坐下歇息，不慌不忙地点了根烟，身后的小孩也丝毫没有孩童的天真状，静静立在旁边，沉稳得吓人。老人微微笑了一下，看着我说，外地人吧？我忙说，也不算外地人，这里就是我老家，我家祖上的老人们都在这里埋着。

他点点头，一手夹着烟，一手从尿素袋子里掏出一块瓷片，放在手心里说，过来看看，上面写的什么？我看了半天，说，不认识。他稳稳一笑，徐徐喷出一口青烟，这两个字是玉堂，这是顺治年间造的玉堂美器。又随手拈起一块青花瓷的碎片，问我，知道这是什么年代造的？我老实说，不知道。后面的孩童半笑着答了一句，永乐年间的。我扭头看他，问，上几年级了？他微微一笑，并不搭话，动作轻雅，穿着不合脚的球鞋，走路却没有任何声音。我心中一时有些惊惧，这时只见老人掐掉烟头，起身说，二十里之外有个庞水镇，每个月的十五，镇上都有鬼市；要是想买文物，可以过去看看，可是不要去太早，半夜三点钟以后，摆摊的就都出来了，天亮收摊。

我连忙问道，这村里的人都哪去了？他说，死的死，搬走的搬走，都散了。我说，山上的那几孔窑洞是什么时候留下的？他淡淡说了一句，龙山文化时期的。我越发吃惊，又问，那边，那是什么时候留下的古窑？他头也不抬地说，唐朝。我惊异更甚，又赶紧问了一句，那个小庙里供的又是什么菩萨？这回，他不悦地看了我一眼，还是说，那是狐爷庙，狐爷是这里的窑神，你尽量不要冲撞了。我说，狐爷就是狐仙吧。那孩童在后面恭敬地说了一句，是晋国的狐突大夫。我正暗自叹息，只听老人又道，各个地方的窑神其实都不一样，比如景德镇的窑神叫童宾；还有的地方供的是雷神，因为雷神掌管风雨，烧瓷必须要好天气，不能下雨，也不能响雷，晒出的瓷器要是遇上响雷，立刻就变成一堆烂渣渣。

尿素袋子装了小半袋，老人轻巧地把袋子扛在肩上，好像没有一点分量，迎着夕阳，带着孩童飘然远去。他们二人竟然都没有任何脚步声。

黄昏来到。巨大的夕阳即将沉没于群山之间，天空变成了鲜艳的血红色。山林、村庄、古窑，还有那座诡异的神庙，都在这血色里变得分外肃穆庄严。天边的晚霞很快消逝，取而代之的是星辰从那里升起。星辰变得越来越明亮，越来越坚固，夜空渐渐变得深邃、灿烂，河水在星光下静静闪烁着璀璨的银光，山林里传出悠长的鸟叫声。在天黑下来的那一瞬间里，我忽然在天地之间感觉到了一种之前从未曾见过的空间，人世之上和苍穹之下的一重空间，苍茫，辽阔，巨大，大得足以庇护万物。也使得身在其中的一切看起来都微茫不足道了。我开始有些理解，父亲后来为什么情愿独自待在一个已经废弃的古老村庄里。人都需要躲进一个更大的东西里来庇护自己。

我在废弃的村庄里找到了一间略有人迹的屋子，屋里有炕有灶，炕上铺着油毡，油毡上有卷被褥，灶上有锅碗，有一只烧水用的三足陶罐，还有半袋小米，几颗土豆。窗台上立着半截蜡烛，灶下扔着几只烟头，我捡起来仔细辨认，都是红塔山。

熏黑的墙壁上贴满了报纸，还有一张娃娃年画，年画下面带着去年的日历，有几个日期下面打了钩，仔细一看，是有规律的，都是每月的十五。我猜测这就是父亲生前住过的地方。只是，在这样一个早已荒无人烟的山村里，他又有什么生意可做？看来也不过是一种对我和我母亲的托词。

那晚，我就住在了父亲曾住过的那间房屋里。我抚摸着父亲留给我的那块玉璧，在烛光里，它散发着一种沁凉的光芒，饕餮花纹神秘悠远。细细端详，便能看到里面有丝丝缕缕的血沁。我想到父亲生前日夜玉不离手，便觉得这也许是父亲的血液已沁入了玉璧。此时把这玉璧捧在手中，竟像是童年时牵着父亲的一只手，那只大手干燥温暖，曾带着我步行几里路去看露天电影；带着我去买图画书和水彩笔；带着我去省城公园里看人家划船。那年我七岁，生平第一次见到了公园，见到了划船。他最后也没舍得买一张船票，只带着我坐在河边的长椅上，久久看着那些来来去去的船只。秋风吹过的时候，公园里金黄的银杏叶几乎要把我们两个人埋没在那张长椅上。那个下午，他一直拉着我的手，似乎怕我会掉进河里，怕我被这些来来去去的小船带走。

二

第二天早晨，我用河水洗了把脸，用三足陶罐煮了些小米粥喝，又吃了一张母亲给我带的凉火烧。然后，我决定先找个地方把父亲的骨灰安葬好。

村庄附近不见有墓地，倒是在昨天夕阳即将落山的时候，隐约看到西边的山谷里有一片尖顶的建筑。在一天当中最后的光线里，那片建筑散发着奇异的银光，不知是个村庄还是什么，我背着父亲的骨灰向西走去。

正是秋天，山林绚烂，金黄的山杨叶拼命吞吐着阳光，血红的楸树叶在大地上猎猎燃烧。黄红绿又一层一层繁殖出了无尽的过渡色系，朱红、妃红、暗红、虾红、鲑红、亚麻黄、蓍草黄、纤绿、黛绿、油绿、墨绿，所有的颜色都搅在了一起，反而有种更为可怖的孤寂的蛮力。在山林间行走，我看到两边的树上结出了各种各样的野果，无一例外都是美艳而瘦小，鲜能看到大个儿的野果。有一种野果红得很是炫目，玛瑙一般挂满整棵树，我试着吃了一颗，味道有点像山楂，只是要比山楂小，心里便怀疑这其实是山楂的祖先。水果店里的那些水果的祖先们，估计都还活在这无人的深山老林里，无人问津，春天一树繁花，秋天便成了鸟儿们和松鼠们的美食。我还看到一棵巨大的野玫瑰，玫瑰居然也能长成树，有点成仙得道后的妖气。玫瑰花早谢了，枝上长满了花瓶形状的果实，粉红色的，俊俏可爱，心想这可能就是父亲和我提起过的玫瑰瓶儿，也是一种野果。摘了一颗放到嘴里，不是很甜，但很脆，满嘴都是玫瑰的清香。

走着走着，前面的山林里忽然冒出了一片奇异的尖顶建筑，仔细一看，居然是一片古老的塔林。墓塔高矮不齐，有六角形的，有圆形的，还有锥形的。塔尖齐齐指向天空，肃穆地错落在山林中。根基上爬满了暗绿色的青苔，有的墓塔已经坍塌了一半。古老的时间游荡于塔林间，脚步迟缓庄严。我抬头看了看天空，头顶的一方天空和脚下的土地都静极了，塔林间铺着厚厚的落叶，看不出有任何人迹。我回头张望了一下磁窑村的位置，村庄已经隐匿于山林间，我在村里看到的那片建筑可能就是这片塔林。极乐世界位于西方，正是太阳落山的地方。

把父亲葬在塔林显然不合适，毕竟俗僧有别。我便继续往前走，走着走着，便看到山林里隐藏着一座破败的寺院和半截白塔。我心想，怪不得深山里会有塔林呢。走近一看，寺院的门上挂着一块腐朽的木匾，隐约有圆明寺三个大字。走进寺院，只见三间正殿已经基本坍塌，还能依稀看到墙上的几处壁画。秋风过处，一地落叶簌簌作响，好似众多魂魄挤在一起私语。寺院中央立着几块石碑，有几块已经只剩下了石基，石碑被人敲掉了。只有一块不知何故保存了下来，被一只石龟稳稳驮在背上。上前仔细辨认一番，里面提到了一个和尚，叫万松行秀，还提到当时朝廷的中书令耶律楚材。

我在半截残碑上坐着抽了根烟，那石龟驮着石碑驯顺不语，龟头昂起，默默看着天空。我看着它，心中有些怜悯，这一驮就是几百年几千年，永无脱身之日，也不容易。又忍不住感叹这些石碑的妙用，用一块石头就把这么久远的事情保存了下来。寺里的僧人们来来去去，人事代谢，渺若浮尘，一阵轻风便可吹散几百年的时光，唯独这孤独的石碑还孑立于深山里。

一低头，忽然看见石砖缝隙里扔着一只烟头，我心里一惊，略一踌躇，还是慢慢把那烟头捡了起来。果然，又是红塔山。我扔掉烟头环顾四周，四下里没有一点人迹。这里离磁窑村并不远，很有可能我父亲也来过这里，就坐在我现在坐的位置上，抽了根烟才离去。此时他安静地蜷缩在一只黑色的小盒子里，就放在我脚边。我又点了一根烟，放在他的骨灰盒上，等着它慢慢燃尽。从寺院出来才发现，寺院右边的石壁上还凿有十几眼石窟，里面的石像大多已经风化不堪，只有两个窟里的石像还在。但奇怪的是，石像的头都不在了。

我背着盒子里的父亲继续向西行走，阳光穿过密林，筛落下了大大小小的光斑，羽毛一般，轻盈地落在地上，落在我身上。山林看起来更加华美也更加可怖了，树林和灌木越来越茂密幽深，好像静静地张开了血盆大口，欲吞噬掉一切。前方不时跳出一两朵血红色的野花，花朵奇大，凶悍妖媚地看着我。我心中不免有些害怕，但一想到父亲曾经也一定来过这些地方，便感觉与这山林又亲近了些。如果把父亲随便葬在这大山里，又怕他太孤单了，连个做邻居的坟墓都没有。我这才发现，其实我早就知道他很孤单。但我把这孤单当成了一种对他和对我的惩罚，就像握在我手里的一件武器。走着走着，我忽然就号啕大哭起来，我抱着一棵松树，哭了很久很久。哭累了，我又坐在树下抽了一根烟。

　　等到重新上路，我发现自己已经分辨不出东南西北了。我觉得自己已经走出很远了，却突然发现，自己又回到了刚才的那棵大松树下面。因为我在那棵树下抽了一根烟，抽完把烟头塞进了一个树洞里，我正惊诧地看到大树上居然长出来一只烟头，却忽然发现，这烟头正是我自己的。我背上掠过一阵阴凉的感觉，在树下呆坐了一会，一条蝮蛇从我脚边游过去了，我一动不敢动，目送着它走远。四周静极了，一种巨大而可怖的安静，像史前怪兽一般矗立在我眼前。过于强烈的安静反而会把一些微弱的声音举起来，高高举在一切之上。我隐约听到了林中有流水的声音，若远若近，这柔软的声音被包裹在山林的最深处。我循着流水声找到了那条隐蔽在林间的小河，河边的草丛浸泡在河水里，像女人的头发一样漂出很远。河流清澈见底，状如透明无物，有树叶飘入河中，竟像是脱离尘埃，静静悬于空中。

我想起父亲曾和我说过，在山里，有河流处就会有人家。我便跟着河流继续往前走，它只顾欢快地向前奔跑，并不回头看我一眼。我逐水而行，感觉自己好像骑在一条白龙身上，倒也不觉得疲惫，河水蜿蜒，明灭可见。走了一段路，密林戛然而止，树林灌木骤然疏朗下来，前方竟出现了一座平缓的山丘。我试着爬上山丘，发现这座山丘十分奇异，上面竟看不到一棵树，视野开阔，覆盖着一层毛茸茸的青草，草丛可淹没小腿，有些地方的草已经开始枯黄。山风吹过的时候，草丛齐齐倒向一边，露出了十几只正在吃草的绵羊，好像把一大块牧场从草原上切割下来，整齐地搬到了这深山里。

四下里张望一番，看到山顶处有一座小庙，我便走了过去。看样子也是一座狐爷庙，推开庙门一看，果然，里面又是孤零零地坐着一尊红脸狐爷的泥像。我心想，这狐爷不知是什么神仙，在这山里还真是神通广大。又绕到狐爷庙后面，发现那里居然站着一座石碑，立刻来了兴趣，便又凑过去辨认一番。石碑风化严重，只能勉强认出"伯安僖骠骑大将军"几个字，在碑首还能认出"乌刁洪敬"四个字。

我愈发感到了这山林的神秘与不可测，也愈发奇怪父亲在这大山里究竟以什么为生。我坐在山顶上吃了块随身带的凉火烧，四周看去，皆是茫茫林海。有风吹过时，便会在林海之上划出一道悠扬的波纹，一直荡向天边。这时，我忽然看到不远处的石头后面竟躺着一个人。走过去一看，是个放羊的老汉正在睡觉，羊铲就放在一边，饭盆也放在一边，硕大无比，比人头还大出两轮。这深山里的草原本就有几分魔幻，使得一切看起来都不是那么太真实。我忽然想和他开个玩笑，就凑过去大喊，老伯，你的羊都跑了。

老汉猛地从地上跳了起来，抓起羊铲问，跑哪旮了？一看他的羊群还在乖乖吃草，便扔下羊铲，看看太阳，又很高兴地看着我，说，吃了？我说，吃了。他说，吃的啥？我说，你吃的啥？他说，吃的馍馍，你吃的啥？我又打岔说，老伯，你家离得远不远？他说，不远不远，就在跟前，也就十五六里地吧，你到底吃的啥嘛？我说，十五六里地呢，怎么跑这么远来放羊？他说，哪里远了嘛，明明就在眼跟前。我说，这是什么地方？他说，四十里跑马壕，以前没来过？我说，没，看着是个好地方。他得意地说，可不是，元朝时候，这里就是皇帝的牧马场。

我惊叹，老伯，你怎么知道的？他笑眯眯地说，连山里的娃娃都知道，我还是个娃娃的时候就听老人们讲过，以前这里住的都是少数民族嘛。哎，你为啥不说你吃的啥嘛，告诉我一下子嘛，我一个人放羊太闷人（孤单），就天每（每天）给自己想点好吃的。我想吃过油肉、肉丸子、红烧肉，烧肉一定要切成薄薄的，和油豆腐放在一起炖，花椒大料放上，葱姜蒜放上，慢慢炖，炖得都不用牙咬就能直接咽下去，你说好吃不好吃？以前磁窑村有个老汉知道我在这里放羊，时常还过来和我坐坐，分我两支烟抽，后头也不来了。

我说，他抽的是红塔山吧。他又高兴地说，你们也认识？那老汉呢，怎么就不过来了？让他过来嘛。我站起身来，拍拍屁股上的土，他急忙说，这就要走了？着啥急？再坐一坐嘛。我说，老伯，我还有事要办，得走了。他跟着我走了几步，说，你这人，还说走就走，再坐一坐嘛，坐坐嘛。我继续往前走，他还是跟着我，说，真不坐了？你这人，着啥急嘛，你背上的盒子里背的啥好东西？是不是有好吃的不敢告诉我。

我回头对他笑笑，说，是我爸的骨灰，我想找个好点的地方把他埋了。他一愣，倒退了几步，然后叹了一口气，指着山林中的一个方向说，看见没？你就往那岔走，前头就是西塔沟，沟里有块风水宝地，长的都是一千多年的老柏树，山里人死了都愿意埋到那里，对后人好。山外头的人听说了这么一块风水宝地，也都抢着想埋进来，人还没死就先把地方占住了。你往过走吧，走着走着就看见了。

走下四十里跑马堰，即将再次进入密林的时候，我回头张望了一下，放羊老汉已经变成了很小很小的一个黑点，还孤零零地立在山头看着我。

这片林子里的树木好像更加高大阴森了，有一段路几乎看不到阳光，茂密的枝叶在我头顶上方搭成了不透光的穹顶，白天变成了黄昏。不知是不是因为阳光少的缘故，走着走着会忽然看到前方的树下站着一丛巨大的蘑菇，足有雨伞那么大，因为过于庞大，看起来有些狰狞。有什么野兽从我身边的草丛里一闪而过，并不攻击我，只看到了两只倏忽而过的绿色眼睛。

阴森的密林渐渐稀疏下来，再次听到了流水的淙淙声，河流冷不丁又拐了出来。我继续沿着河流往前走，看到两边都是高山，知道自己是走进山谷里了。苍鹰从头顶的天空里滑翔而过，金色的夕阳从山顶上斜斜照落下来。有清幽的柏香阵阵袭来，河谷两边的柏树越来越多，我开始明白，这应该是走进放羊老汉说的西塔沟了。

又往前走了一段路，前面的树林里隐隐出现了一角房檐，我心想，莫不是在这沟里还能遇到村庄？眼看夕阳已经渐渐落山，我便快步向那房檐走去，走近了才发现不像是村庄，倒像是一个雅致幽静的园林，红墙黄瓦，里面有柔顺的垂柳拂过墙头。大门虚掩，一推就开了，果然是个很大的园林。它按江南园林布置的格局，把河水引入园中建了个小湖，湖边亭台楼阁，泉流环绕，怪石林立，廊庑之间有阁道相连。一座水榭半跨入湖中，凭栏可以观鱼赏荷。一道长廊曲径通幽，直通往湖中央的一座八角凉亭。沿着湖堤上烟雾般的垂柳一直往里走，又看到一座二层重屋式楼阁，正中间是客厅，两边是东西房，上面分别写着"和容""拾翠""藏春"。楼阁前立着一块奇石，楼后是一丛青翠的凤尾竹。

我发现，这偌大的园林里竟然没有任何人迹。这时候阳光又西斜了一点，身上顿时凉飕飕的，整个园林开始变得昏暗诡异起来，骤然间多了些阴森之气。我推开楼阁中间的那扇"和容"，却发现里面只坐着一座泥塑，连件家具都没有。再推开东西两边的房门，里面竟空无一物。我一低头，却发现方砖地上铺着一层羊粪。我开始有些胆战心惊，却还是忍不住往前又走了一段，期待能忽然看到一个守园子的人。穿过一座怪石嶙峋的假山便进了后面的花园，花园里种了很多树木花草，却因为长期没人打理而疯长成一堆，披头散发地拥挤在一起。这些植物都散发着一种奇怪的气息，仿佛都长着眼睛和牙齿，有的还长出了长长的手指，在我身上轻轻拂过。我不敢再往前走，正四下观望，就看到草木中间包裹着两座墓碑。墓碑后面是两座寂静的坟墓，坟头都已经长满荒草，不仔细看还真看不出来是坟墓。

我忽然明白了过来，这其实是一座陵园。而我在楼阁里之所以能看到羊粪，是因为有时候放羊的会赶着羊群来这里歇息打尖。

从陵园里逃出来再往前走，便不时看到山谷里有各种各样的坟墓和墓碑。有的墓碑十分豪华，墓前守着石人石马，简直像皇陵一样气派。有的则很简陋，只在坟上插了棵柳树。有的坟墓前还盖了间小庙，庙里供着墓主的泥塑，还摆着供品。有的坟墓久没有人上坟，已经瘦小得几近于消失。有的坟墓则肥硕雄壮，卓尔不群。我想，这应该就是放羊老汉所说的那块风水宝地了。把父亲葬到这里倒是也不错，环境清幽，古柏参天，有这么多邻居陪着，起码不孤单，旁边还有那么奢华的一座陵园，没事还可以进去游园观鱼。

于是在即将天黑之前，我把父亲安葬在了这处热闹的坟地里。

月亮上来了，高悬在黑黢黢的山林上空。漆黑的山谷里唯有那条小河闪着银光，月光像银鳞一般洒满整个河面，我又冷又饿，不敢停留，沿着河流一直往前走。两边的高山像黑色的神像默然耸立着，整个山谷幽静极了，只能听到哗哗的流水声，流水声回荡在整个山谷里，我自己似乎正飘然行走在水面之上。虽说此番回老家的任务已经完成，但想想自己四十岁出头，一事无成，又有些惧怕再回去，走在这黑暗的山林中反倒有种畅快感。该到来的总会到来，该受惩罚的也迟早会被惩罚，这么想着，心里也不那么害怕了。抬头一看，月亮更大更亮了，看上去离我只有咫尺之遥。

跟着河流走了不知道有多远，忽然看到前方一灯如豆，萤火虫似的，在大海一般的黑暗中若隐若现。我疑心那是什么山妖或鬼魅幻化出来，专门用来诱惑山间行人的。可是茫茫黑暗中只有那一点灯火，又不由得把我吸了过去。越来越近了，我终于看清楚，是从一扇窗户里飘出的灯光。

银色的河流继续在月光下赶路，我站在河边与那盏灯光久久对视着。看轮廓，这好像是一个蛰伏在大山里的小村庄，大概有十来户人家，但只有其中的一间屋子透出灯光，其他房屋则悄无声息地沉入了黑暗之海，犹如海底的礁石或贝类，一动不动。夜晚的山林温度骤降，我冷得浑身发抖，犹豫了很久，终于下决心走了过去，敲了敲门。木门嘎吱一声打开了，昏暗的灯光随之泻了出来，一个高瘦的老人背光站在门口。

我随老人进了屋，屋里没有别人，看来是个独自留守在山间的老人。只见屋里有张炕，炕上摆着一张四方炕桌，炕上堆满书和瓶瓶罐罐，桌上放着一支钢笔，一瓶墨水。灶里已经烧了柴，屋里暖烘烘的。地上有只描着仙鹤图的樟木箱，箱子上也摆着一堆瓶瓶罐罐，正中供着一尊威严的佛像。佛像前点着两盏油灯，随着木门一开一合，灯焰无声地跳动着，投在墙上的阴影忽大忽小，使这屋子看上去有些寺庙里的诡异之气。箱子旁边是一只古色古香的绛色书架，里面塞满了乱七八糟的书和本子，最上面摆着一只老式座钟，正咔嚓咔嚓地走着。书架右面是一张桌子两把椅子，桌子和椅子看上去都不太寻常，上面雕刻着繁复精致的花纹，很有年代的样子。一只巨大的红木柜子靠墙立着，柜门上刻有山水浮雕，山水间还镶嵌着亮晶晶的螺钿。墙上挂着一只雕花大葫芦，看着像是酒葫芦。

老人端上来的烤土豆我一口气吃了三个，又喝了一大碗小米稀饭，这才缓过来一点。我问老人，老伯，这是什么村？ 老人摘掉了鼻子上的老花镜，正坐在一把椅子上静静打量着我。我这才发现这个老人略有些高鼻深目，头发花白，在灯光下看上去，眼珠竟像是蓝色的。实在太瘦了些，胳膊和腿极细，看起来都不大像是真的。他跷着二郎腿，把一只腿完全压到另一只腿上，一个人竟可以把腿弯到那种程度，看起来更不像真的了。大概是因为山里的晚上温度低，他已经在身上穿了一件薄棉衣，棉衣里看上去空荡荡的，都找不到人在哪里。他的两只手扣在一起端在腿上，半天才慢条斯理地说了一句，佛罗汉。

我心想，这村名怎么这么奇怪，难不成与佛教有关系。便又问了一句，这村名可有什么来历？ 他微微笑了一下，没有说话。我只好又问，怎么就你一个人，村里的其他人都到哪去了？他把眼睛垂下，看着自己叠在一起的两只手，他睫毛很长，像两把小扇子，在灯光下扑闪扑闪的，我想他年轻的时候应该是个很漂亮的小伙子。只听他不慌不忙地说，老人们慢慢都去世了，年轻人都下山去了，村子慢慢就空了，现在村里就剩下我一个人了，我在这里住习惯了，不想走。

我还想问他点什么，但因为屋里很暖和，加上劳累，一阵困意袭来，连连打起哈欠来。老人起身，在炕上的一堆书和瓶瓶罐罐中间给我刨出一块地方，说，你就睡这里吧。我疑惑地打量了一下周围，说，那你睡哪里？ 他立在地上，用手指了指那只红木柜子，说，我睡柜子里，我从来不在炕上睡觉的。

　　我被吓得困意立刻跑了一半。这时候，油灯的光焰忽然黯淡下去了，变得只有黄豆大小，屋子里的阴影迅速从各个角落里长了出来。只见他从灶上端起一把长嘴油壶，走到木箱前，往两盏油灯里各添了些胡麻油，光焰立刻又蹿了起来。

三

　　第二天早晨醒来，恍惚记得昨晚梦见了一个老头，头发花白，眼睛却是蓝色的，说他睡在一只巨大的柜子里。睁开眼睛一看，屋里静悄悄的，只有我一个人，但那些家具都清晰地从梦里浮了出来，就立在我眼前，包括那只大柜子，竟然都是真的。我战战兢兢地打开柜门，往里一瞅，里面是空的，只堆着一床被子，还有几本书和一只手电筒。炕桌上放着两个热乎乎的土豆，一摸，也是真的。我定了定神，吃了土豆，出了屋子。

　　耳边全是清幽的鸟叫声，放眼一看，果然是个很小的山村，一片死寂，连犬吠声都听不见。有几家门口的荒草已经一人多高，有些门窗已经完全被野草吞噬，在没有人的地方，那些安静的野草就会很快长出牙齿和手脚，占领废弃的房屋。出门走了没几步，我就看到昨晚那老人正独自立在村口东面的断崖边。

他双手背在身后，空荡荡的衣角被山风吹起，那衣服里看上去好像什么都没有。

我走过去和他并肩立在悬崖边。清晨的山中，大雾尚未退去，山林还未显形，我们脚下的断崖宛如仙境，雪白的云雾间漂浮着一丛丛岛屿般的黛色，偶见一株巨大的云杉刺破云雾，正孤独地四下张望。他没有扭脸看我，只慢慢问了一句，你，姓什么？我说，姓刘，我老家是磁窑村的，也在这山里；不过我是在县城里长大的，这是我头一次回老家。他微微颔首，说，我年轻的时候经常去磁窑，那是个好地方，我曾在那里见过珍贵的鹧鸪釉和兔毫釉；现在我老了，它又在山顶上，要上去一趟都不容易，古老嘛，越古老的村庄海拔越高，像佛罗汉这种山谷里的村庄其实都比较年轻。

他说话声音不高，慢慢悠悠的，喜欢垂下眼睛，尽量不去看对方的眼睛。有一种深不见底的安静从他身上看不见的地方散发出来，像是他已经在这深山里独自隐居几百年了。我等着他问我为什么一个人跑到这里来，但他只是眺望着远处的山峦，微微叹了口气，你路上经过了几个村庄？这阳关山上的每一个村庄我都跑过，那时候年轻，精力好，骑着一辆加重自行车，总是天还黑着就出发，半夜才到家，两头都是黑的。有时候去远一点的村庄，就背上干粮和水壶，骑车要骑好几天才能到，晚上就在山上找个山洞睡一觉，或者爬到树上去睡，现在年龄大了，跑不动了。

我说，村庄没见到，倒是看到不少狐爷庙，还看到一座寺庙，叫什么圆明寺，寺里有座石碑，石碑上提到的万松行秀不知是谁，名字像个日本人。

他静静看着远处说，万松行秀是金代的高僧。他当年在圆明寺当住持的时候，耶律楚材是居士，经常去圆明寺向他请教问题。耶律楚材是辽太祖耶律阿保机的九世孙，是个精通汉族文化的契丹贵族，和万松行秀的交往就是他不断汉化的过程，少数民族的汉化是很有意思的。

我心中有些惊异，又说，我还到了那个叫什么四十里跑马堰的地方，那里也有块石碑。

他依然背手眺望着远方，并没有扭脸看我一眼，慢慢说，你看到的石碑上面写的乌丸洪敬，是古代的西域国名，是东胡乌桓的后代。建安十三年的时候，有一万多乌桓人迁到了中原。石碑上说的伯安僖是北魏孝文帝的儿子，从那块石碑上可以知道，北魏时候，四十里跑马堰曾是皇家牧场，是孝文帝封给儿子伯安僖的封地。

我心中不免有些惊恐起来，不知道这躲在深山里的老人到底是谁。这时候太阳渐渐升起来了，一缕金色的阳光从东方照过来，把我们的脸也都照成了金色的。脚下的大雾正在渐渐散去，苍青色的山林渐渐浮现出来。他依然一动不动地立在悬崖边，看起来极瘦极轻，随时会被山风吹走，仿佛连骨头都是没有分量的。我有些战战兢兢地问，老伯，还不知道你怎么称呼？

他说，我姓元，就叫我老元吧。

我说，是元气的元还是原来的原？

他说，元气的元。

我犹豫了一下，又问，不知你今年多大了？

他并不回答，好像略微沉吟了一下，忽然把脸慢慢扭了过来。猛然看到他的眼睛，把我吓了一跳，忍不住后退了两步。我发现他脸上没有一丝血色，连嘴唇都是苍白的，眼睛却比一般人要深，睫毛很长，从某个角度看过去的时候，会发现，他的眼睛确实是蓝色的，并不是我昨晚的幻觉，目光里还微微透着些寒凉之气。他背着手，气定神闲地看着我，身后飘忽着将退未退的大雾，使他看起来并不像一个人间的凡人。我心里不由得一阵害怕，却听见他慢慢问了一句，你做什么工作？急着回去吗？我连想都没想就说，我就是个闲人，根本没工作。说完才发现自己言语之间居然带着一种奇怪的快感，好像存心要报复自己一般。

他不再看我，又垂下眼睛，脸上看不出更多表情。只听他说，我看你对文物好像还有些兴趣，要是手头没有什么正经营生可干，愿不愿意暂时给我做做帮手？这山里的空气很好，你不妨住一段时间。我正需要找一个帮手，我管你吃住，每月给你发些工资，你就把我的口述记录下来，再帮我把资料整理好编进书里，时间不会太长的。我正在写一本书，想把这些年我在阳关山里见过的文物古迹都写进去，可是我老了，精力已经不够了。

我踌躇一番，最终还是答应了下来，倒不是为了一点工资，好像有一种神秘的力量推着我，让我留在了这大山里。我想起父亲临终前的最后一句话，抽空回趟老家吧，回去看看。事后回想，总觉得他是想告诉我什么。如今，他再也不可能亲口告诉我了。

　　晚上，我睡在从炕上刨出来的那块空地上，瓶瓶罐罐像陪葬品一样摆在我身边。他则睡在柜子里，他躺进去以后，再把柜门合上，然后便悄无声息了，根本看不出来里面竟然有人。佛像前的油灯彻夜不熄，时常让我生出一种身在寺庙中的错觉。我忍不住好奇，问过他一次，为什么不睡在炕上？其实这么大的炕睡五个人都绰绰有余。他淡淡说，习惯了，他已经在柜子里睡了好多年了，挺好，比在炕上有安全感。他说挺好，我也就不好再多问。但他似乎很少睡觉，也很少吃东西，晚上我困得快要睡着的时候，他还坐在炕桌前，猫着腰整理他那堆山一样高的资料；等我早晨醒来一看，他早已经坐在桌前开始看书了，两条秸秆一样的细腿盘在炕上，好像一夜不曾挪动过。吃饭则每天都是烤土豆，小米稀饭加咸菜，偶尔吃一顿酸菜炒擀面。我一边啃土豆一边说，元老师啊，你怎么像个神仙，每天不用吃不用睡的。他微微点点头，说，人老了就这样，睡不着，吃多了也不消化。

　　他酷爱读书，吃饭的时候手里都要翻着一本书，我又忍不住惊叹道，元老师啊，想不到山里还有你这么爱看书的人，真是可惜了，你莫不是还上过大学？他朝我摇了摇手，手指又长又细，竹枝一般，说，快不要说什么大学，也就把初中上完了。我说，那你怎么就开始研究文物的？他用蓝色的眼珠子盯着我看了半天，把我看得心里直发毛，心想，自己是不是说错了什么。却忽听他说，小时候跟着大人去种地，动不动就从地里挖出东西来，陶罐啊，碗啊，石斧啊，那时候就觉得先人们留下的这些东西真有意思。谈不上什么研究，就是个兴趣爱好，人都得有个精神寄托嘛。

他有时候从炕上抓起一只青铜器，盯着一看就是大半天，两只手在饕餮纹上细细摩挲，戴着老花镜，几乎把眼睛贴到了上面。还有的时候，他闭上眼睛，像抱婴儿一样把一只陶罐抱住，坐在一堆陶罐中间一动不动，我心中不免惊慌，不知道他是否还有气息。正想过去看个究竟，忽见他又徐徐睁开了眼睛，目光清澈，略带寒气，倒把我吓了一跳。他手上日夜戴着一只玉镯，但和女人们戴的玉镯又不大一样，手镯是扁的，比寻常手镯要大出一圈。有一次我壮着胆子问他这是什么玉镯，他先是默默地盯着我看了几分钟，然后竟把玉镯摘下来给我看，说，商代的玉镯多是扁的，汉代才有圆镯。我仔细一看，只见玉镯上雕着三只狰狞的神面，还有三只蝉，在玉璧内侧还刻着一个字。他指了指那个字，说，这是甲骨文的"辛"字，说明这是妇好的陪葬手镯，蝉象征着人死后破土重生之意，这上面的人面是石家河文化神面像。我大吃一惊，妇好墓出土的？他微微一笑，不再说话，只把手镯又小心翼翼戴在了左手上。

不光是玉镯，他脖子里还戴着一块龙凤纹玉佩，上面刻着三个字"宜子孙"，裤带上还挂着一块饕餮纹玉腰牌，吊着一块玉璜。我和他开玩笑地说，元老师，你这装备真是够齐啊，都挂在身上沉不沉？他正色说，君子无故，玉不去身。古代的君子们身上必佩玉，佩玉只有在不快不慢且有节奏的步伐下，才能发出清脆悦耳的声音，时刻提醒君子们一言一行都要温文尔雅、不紧不慢，玉佩撞击的声音也可以显示君子们的光明磊落。那时候君子们出个门，身上戴着玉佩、玉觿、玉带钩、蹀躞；如果佩剑，还要戴上玉剑首、玉剑格、玉璲、玉珌。我惊叹道，那还能走得动吗？他不悦地说，古代的君子们本来就没打算要走快，站有站姿，坐有坐相，比现代人有尊严得多。

此外，我还发现，他怀里每天都藏着一件玉器，像宠物一样养在身上，一有空闲就掏出来把玩。有时候是一个玉跪人，有时候是一只鸡心佩，有时候是一块玉剑首，有时候是一只长着蘑菇角的玉龙，头极大，尾巴又极小。有时候我故意问他，今天身上又藏着什么好东西啊？他摊开两只手，无辜地说，你看什么都没有啊。过了一会儿，却笑眯眯地从怀里摸出一只玉蝉给我看，他吓唬我道，这可是一只含蝉，以前是含在死人嘴里的，怕不怕？我一听这话，吓得往后退了两步。他却哈哈大笑起来，边笑边说，不要怕，古玉是通灵的，通过古玉人能和鬼神相通。古玉也都是有性格的，你要是总不理它，它就会生气，就会吐灰，必须得爱护它，经常抚摸它，它才会长出光晕。

晚上，他回柜子里睡觉的时候，还要像小孩子抱着布娃娃一样，把这些玉器抱在怀里才能睡着。

一天深夜，我草草洗漱一番，正准备睡觉，忽听到外面有几声若有若无的敲门声，我看了看老元，他正坐在炕桌前翻看一本书，像是压根儿没有听见敲门声。我担心是像我一样在山里迷了路的夜行人，便过去开门，打开门一看，外面空无一人，寒风裹着夜色窜了进来。我只好又把门关上了，等了半天，外面的敲门声再没有响起。我正在疑惑，老元忽然抬起头慢慢说了一句，不用管它，它不敢进来的，这屋里住的魂魄太多了。我大吃一惊，四处看了看，屋里只有我和老元两个人，但那些灯光照不到的暗处，似乎确实站着很多阴森的黑影。

我打了个寒战，低声说，元老师，你不要乱开玩笑。老元淡淡一笑，抚着炕上的那些瓶瓶罐罐说，这每一件文物里其实都住着一个它们原先主人的魂魄，只是你看不见罢了。你觉得我是一个人住在这深山里，孤闷得很，我自己却不觉得，你看我的伴儿还少吗？我吓得倒退几步，几欲跌倒，说，元老师，你还信这个？却又听见老元慢条斯理地说，什么是信？什么是不信？世上的万事万物就是个缘分。年轻时我得了一件文物，爱不释手，但是自从拿回家里后，我就开始生病，后来把它送走，病自然就好了。这就是我和它没有缘分，缘分是什么？就是你能不能留住它，能把它留住并养起来，它就是活的嘛。

果然，我发现这屋里的很多文物都以自己的方式活着。我们每日盛土豆用的是一只笨重的大碗，偶尔一次，我洗碗的时候，看到碗底刻着一个蓝章，德馨堂制，是乾隆年间的青瓷碗。我们洗脸用的那只脸盆，我总觉得造型丑陋古怪，长着三只脚，上面刻着青铜的兽纹，看起来很是不祥，后来才知道，那根本不是什么脸盆，是一只周代的匜。一旦知道了它的身份，吓得我连洗脸都战战兢兢。我看老元的肥皂盒很脏了，想着帮他刷洗一番，洗着洗着竟发现是一件凤头形状的玉器，连忙翻过来一看，背面刻着一行字，乾隆三十七年内务府督造。我喝水的杯子是一只汉代的承露杯，据说是古人专门用这种杯子来接清晨的露水，并视为琼浆。门框上还挂着一只亚丑钺，亚丑钺是一种商代兵器，看上去像一种凶悍的面具，他把它挂在那里，让它帮他看门。他说，古人特别可爱，喜欢做一些玉兽来帮自己看管东西，而且这些玉兽的嘴巴都特别大，以显示它们的凶猛，好让偷东西的人不敢靠近。比如他们会把装丹药的瓶子做成熊的形状，在熊的头顶上再放一只老鹰，让它们替主人看管丹药。

我慢慢想明白了，怪不得我总觉得这屋子里有种神秘莫测的东西，好像除了我们俩之外，屋里还住着什么别的无法看到的东西，可能就是因为与这些古老的器物共处一室的缘故。它们端坐在屋里的时候，即使无声无息，也让人感觉好像与很多古老的庞然大物共处一室，到处是它们身上腐朽的气息，还有它们阴凉远古的目光。

有一次，我发现他把天顺成化款的彩粉瓷盆做了花盆，里面养了一株呆头呆脑的绣球花。我忍不住说，元老师，拿这彩粉瓷做花盆是不是可惜了点。他把脸慢慢从书里抬起来，蓬着一头花白的头发，面无表情地朝那花看了一眼，说，做花盆不是也挺好？把它放起来不闻不问，它更不高兴。正说着，一只陶罐忽然从炕上滚落下去，我大骇，迸射出去想接住罐子，但还是晚了，陶罐落在地上摔成了几片。我惊慌失措地呆立在那里，半天说不出话来，却见老元坐在那里动都不曾动一下，听到响声只说了一句，碎就碎了嘛。我说，这可是文物啊，很值钱的，也太可惜了吧。他脸上的表情纹丝不动，目光冷冷地瞥了我一眼，说，你知道它是什么朝代的？它上面刻的是什么花纹？我茫然地呆立在那里，只听他又说，这上面是西周特有的一面坡饰纹，你都不知道一只陶罐里到底有多少文化，那你看到的就是一只不值钱的装水罐子，怎么就说它值钱了？我最讨厌你们见到文物就想它值不值钱。文物的身上留着古人的余温，文物上面的每一道花纹都是古人的感情和寄托。每一件小小的文物背后都是你来我往，是人类早期的文明，是古老的社会制度，它们记录着国家的形成，朝代的更迭，礼仪的教化，这才是文物的价值。

他的神情让我都忍不住有些怀疑，是他故意把陶罐滚落下去的。他身上的什么地方总让我觉得有些害怕。

深秋到了，天气一天天转凉，上午的阳光斜射进玻璃窗，落在炕上，灰尘纷纷长出翅膀，奋力游动在金色的光柱里。他穿上了厚厚的绒裤，裹着那件旧棉衣，脸色越来越苍白，躺在一堆瓶瓶罐罐里的时候，他和它们混为一体，几乎难以区分。他的身体时好时坏，有几日连看书都力不从心了，他便不停催促我看看油灯里的油，一再嘱咐不要让油灯灭了。眼看油灯的光焰小下去了，他又赶紧让我剪灯花，等油灯重新亮了起来，他会呆呆盯着那油灯，一看就是半天。他没力气整理资料了，就在炕角里缩成一团，半闭着眼睛，缓慢地口述。即使身体如此虚弱，他的语气仍然是不容置疑的，要我每一个字都要按他说的来写。他骄傲地说，没有人比我更了解这阳关山了。我研究了五十多年了，有时候为了研究一点点东西，就要往一个村里跑十几趟。就我一个人，在这大山里跑来跑去，吃着干馍馍，喝着山里的泉水。我年轻的时候，别人不信我说的，以后他们会知道的，只有我说的才是对的。

他用手抚摸着一只陶罐，断断续续地说，那年听说大陵村一下挖出了几百件文物，我就赶紧骑着自行车过去看。都是战国时候的陶器呐，上面都压着章，那些章上面写着太陵、泰亭，说明当年这些陶器都是在你们磁窑村里烧的，因为古代泰亭的窑址就在磁窑村。你看这只陶罐下面就刻着"太陵"两个字，这太陵其实就是今天的大陵村，也就是古代的大陵古城，这都是我自己琢磨出来的，因为在古代，"大"和"太"是不分的。你知道我还发现了什么？这比发现了文物还让我高兴，春秋时候，阳关山一带根本就没有山，而是一大片古泽，浩浩荡荡，水天一色。你能想见吗？汉代的时候大陵竟是一个旅游城市，士大夫们经常坐着船在湖上游玩赏月。几千年过去了，这里的海拔逐步抬高，逐步抬高，变成了如今你看到的阳关山。现在在大陵村打井，往下打几百米就能打到海蚌的化石，我亲眼见过那些海蚌的化石。海都变成了山，你说，这世上还有什么东西是不能变的？

我只是默默记录，他闭上眼睛沉默了片刻，又拿起另一只不起眼的陶罐给我看，只见陶罐底部刻着四个字，是篆文。他说，你看，这也是从大陵村挖出来的陶器，这四个字是"祁氏之邑"，我当年看到这个罐子真是吃惊呐，连忙问村民买了下来。村民们不知道这么土的一个罐子能有什么价值，差点把它当了夜壶，只有我一个人知道它到底是什么，我把它保存了这么多年。昭公二十八年，分祁氏之田为七县，就是平陵县、邬县、祁县、马首、盂县、梗阳、涂水。这七个县可是中国历史上最早出现的七个县呐。我们阳关山在古代就属于平陵县。

我叹道，真是想不到。

他把两条细腿折叠起来，蜷缩成一个更小的团，又闭上了眼睛，久久没动，好像是睡着了。在阳光里能看到他极苍白的皮肤下面流动的一道道蓝色的血管，我甚至能看到血液在里面无声流动。忽又听他声音异常清晰地说，那时候县文物局的人根本不相信我说的话，说我是野路子。对，野路子说话不管用，可是你记住，历史是骗不了人的，不管过多少年，真的就是真的，假的就是假的。文物就是最好的见证，它们是不会说假话的。

我正盯着他看的时候，他忽然睁开眼睛，与我对视了一眼，目光凉飕飕的。我吓了一跳，只见他重新又闭上了眼睛，依然蜷缩在那个角落里，对我说，快去看看油灯里有没有油了，不要让油灯灭了，我该干的事情还没有干完，还不能死。

我忙说，元老师，你瞎想什么呢？

他又睁开眼睛，目光炯炯，笑着对着周围的空气说，老哥儿们别着急，你们先玩着，到了时候我就跟你们走。

过了几日，身体又好转了些，他的兴致也高了一些，偶尔还会摘下墙上的酒葫芦，和我喝两杯。他说酒是个好东西，驱寒驱阴气，他年轻的时候酒量可不是一般的好。那时候去深山里的那些村子上找文物，晚上经常就睡在山林里，山里多冷的，就是靠喝酒来取暖。他从板柜上的那堆瓶瓶罐罐里随手拿了两只酒杯，用嘴吹了吹里面的灰，倒满酒，摆上一碟盐水煮花生。我们在炕桌两边盘起腿，相对而坐。他很有兴致地说，你叫我一声元老师，不能白叫了，喝酒前我先教你点东西吧，想不想听？你这只酒具叫角，我这只酒具叫觯，这些酒具一看就是商代的青铜器。商代的人特别喜欢青铜酒器，因为他们觉得青铜酒器能显示权力和地位，就像文物局的人觉得他们就是权威一样。但是到了周代就不一样了，周代的人喜欢青铜食器，所以周代出土的都是什么鼎啊、鬲啊、簋啊，酒器倒不多。周代也没有人殉了，改成马殉了。所以你看，时代越往前发展就越重视人的生存权利，这从文物上就能看得出来，这也是我喜欢文物的原因，它们太诚实了。所以嘛，不管是什么世道，都不要怕它，好好坏坏，都会过去的。

我们拿青铜酒器碰了一杯，然后一饮而尽。我心中感慨万千，觉得自己误闯进了一个并不真实的时空里。这是一块包裹在时空里的时空，我们两个人衣衫褴褛地守着一堆珍贵的文物，每日吃着土豆，拿文物喝酒，拿文物栽花，拿文物做洗脸盆。夜已深，万物隐遁，一轮巨大的明月从山间升起，在长空和月光之下，我们那扇破败的窗口越发透出一种沉穆野逸之气。喝了几杯酒之后，我说，元老师，你怎么也没个老伴？一个人在这山里还是孤单了点吧。他盘着两条细腿，垂下眼睛说，我老伴已经去世了十年了。顿了顿，他干瘦的脸上忽然笑了一下，长长的睫毛扑闪着，看着桌子说，不过我不怕，有这些文物陪着我，我也不觉得孤单，它们都是我的伴儿，都能和我说话。我早就想明白了，怎么活都是一辈子，有人当官，有人讨饭，我一辈子就这么过，也挺好。

我悄悄看了看他，犹豫了一下，才终于开口道，元老师，这些文物，你怎么不好好保存起来，不怕被人偷了？

他依然垂着眼睛，两排睫毛在脸上投下两道扇子般的阴影，越发像一座古代的陶俑。他慢慢呷了一口酒，半天才说，那种得件文物就到处藏的人，都是道行浅的人，道行浅便听不懂天机，也不一定能留住文物。真正有道行的人能摸透文物的性格，爱护它，尊重它，还能留得住它。不过，就是留也只是暂时的，这些东西终究都不是自己的，生不能带来死不能带走，今天还在你手里，明天就去他手里了。你看看，这青铜酒器的主人死了都几千年了，如今却被我们拿着喝酒，说不定明天就又到别人手里啦。所以它们在的时候，就好生养着它们，有一天它们要走了，也留不住，它们只能是陪你一段时间，就是跟着主人去了地下，过几百几千年，也会被人再挖出来。

我借着一点酒意，还是把那句反复按捺的话说了出来，你把文物卖掉两件啊，好歹也改善一下自己的生活，你看你过得多寒碜。他忽然抬起眼睛看了我一眼，在灯光下，他目光幽深虚静，眼睛在一瞬间里又变成了蓝色。他冷笑一声，说，你真以为人一辈子需要多少钱？

我承认，在深夜的那么一两个瞬间里，我也不是没有过别的想法，他这样一个手无缚鸡之力的老人。我也知道自己其实随时可以离开这里，他也无法再找到我。但快两个月过去了，我一直没有离开，分明有一种更大的东西吸引着我。

一次，我正在把玩那块玉璧的时候被他看到了，他很有兴趣地说，你小子也玩玉？说罢要过去，就着阳光仔细看了看，看了半天，只问了一句，从哪来的？我说，是我父亲送给我的。他又问，你父亲现在在哪？我说，他已经不在了。他便只说了一句，臣字眼，双阴起阳线，典型的商代高古玉，质地好，所以沁色不多，只有一点点水银沁，玉色极好，千年白玉变秋葵，说的就是这种玉色。说罢便把玉璧还给了我。

遇到天气好的时候，他就想出去到处看看，但他已经骑不了自行车了，我便开上一辆小三轮车，他坐在后面的车盒子里，我带着他漫山遍野地闲逛。一天，我们正走在一条山沟里的时候，他忽然使劲拍着车盒子，我停下来扭头看他，只见他正手忙脚乱地往出爬。我大惊，停下车问，元老师，你这是怎么了？他也不说话，爬出车盒子便跌跌撞撞地向路边的荒草丛跑过去，然后跪下来抱住路边的一块石头。我赶紧过去一看，原来荒草丛里有一座不大的石狮子。他摸着石狮子端详了半天，然后便伸手往下挖，我也过去帮忙。我们两人挖了半天，渐渐看清石狮子下面连着一根方柱，只是柱子已经全部埋在土里了。

挖了好半天，石柱也只看到一截，他趴下看了看，肯定地说了一句，这旁边有清代的古墓。我吓一跳，环顾四周，并没有看到坟墓。只见他拍了拍两只手上的土，跌坐在地上大笑起来，边笑边说，你知道我为什么喜欢在这山里转？在这山里转着转着就碰到文物了，只要能看到文物，我就高兴啊，像碰见老朋友一样。我年轻的时候，要是看到这样一座石狮子，就是用平车推几天几夜，也要把它带回去。现在不了，让它们就在它们该在的地方吧，我要能多活几年，就时不时过来看看它们，像走亲戚一样。

我一边扶他起来，一边说，元老师，这山上空气好，你活个一百岁都不成问题。

老元笑呵呵地说，老得像个妖怪了也没啥意思，人还是该死就得死。

天气渐渐冷了，我在车把上缝了两个棉套袖，在车盒子里铺了一床厚棉被。车盒子极小，简直像个饼干盒，但老元竟然能把他的高个子很容易地就折叠进去。他一钻进那厚棉被里，就立刻找不到人了，像变魔术一般，只露出一颗花白的脑袋在外面。

这天，阳光煦暖，我又用三轮车带着他，沿河一直向东边溜达。河流在山谷间甩出一个极优美的弧度，岸边的芦苇已经衰败，雪白的芦花在阳光里闪着银光，与枯黄的河柳一起在风中摇曳。河流两边的高山已经渐渐变成了苍冷的黄褐色，夹杂着一团团的红叶，火焰一般，再过些时日，等叶子落光，便只剩了松柏。有几只巨大的苍鹰在山顶上静静滑翔。在河道转弯处，我看到岸边有一块白色的巨石，石头极其平整光滑，而且出奇的干净，简直像个搭在荒野中的戏台，可供十几个人或坐或卧，曲水流觞，饮酒作歌。我在巨石上呆坐了片刻，抽了一根烟，又想起了父亲，不知道他当年一个人住在这山里的时候，

244

是不是也会经常坐在这巨石上看着流水流去。我意识到我现在所经过的每一个地方都可能是他走过的。

我们继续上路，三轮车走着走着便走出了山谷。一出山谷，眼前便豁然开朗起来，河道忽然变宽变开阔，水声也渐渐喧闹起来，像小孩子忽然长大，竟一下子雄壮魁梧了不少。我停了三轮车，把老元从饼干大的车盒子里扶了出来，他手搭凉棚看看四周，说，到龙门了，好久没来这里了。我说，这样一个地方怎么就叫龙门？他指指流水，这是河水出山谷的地方嘛，你看多有气势。

又往前走了一段才发现，原来这里还有另一条河，是从另一个山谷流出来的。两条河在此地碰面，互相施礼之后便嬉笑打闹在一起，于是河面猛然变宽，一时竟浩浩荡荡起来，连流水声都是粗声大气的。只见满河都是阳光洒下的碎金碎银，两岸地势逐渐平坦，有一块块开垦出来的田地，种着莜麦和土豆，居然还有好几座小庙。我心想，莫不是又是那无孔不入的狐爷庙，这大山里简直是狐爷的大卜，这大约是几千年前的狐突大夫怎么也没有想到的。

老元背着手静立在河边，对我说，你要是心里不高兴的时候，我告诉你个好办法，就这么在河边站一会，站一会就好了。我以前经常这样，来河边站一会，心里就好受不少，流水会把什么都带走。我问道，这条河叫什么名字？他说，文谷河，知道为什么起名叫文谷？就是说水在这里流得慢，波纹多。那条叫西冶河，是从西冶川流出来的，两条河汇合的地方就会形成截岔地带。截岔地带往往土质肥美，灌溉充足，适合长庄稼，都是一年两熟的地，差不多都能旱涝保收。不过截岔地带的人一般都性情彪悍，这是因为截岔地带人比较杂，人们为了生存就慢慢形成了这样的脾性。我以前来收购古董的时候，就截岔地带的人最难缠，有个人卖给我一只明朝成化盘子，没两天又要出更大的价钱买回去，说不卖给我了。我说这不是钱的问题，我是研究文物的，又不是商人，说卖就卖，说不卖就不卖？那怎么可能。

我说，后来也没卖？

他冷笑一声，说，他出再多的钱我也不卖，我又不是文物贩子。

我们朝那几座小庙走去，走近一看，好像不是狐爷庙，那红脸的狐爷我都能认下了。这里都是一些很奇怪的庙，什么关帝庙、孝文庙、老爷庙、观音庙、龙王庙；还有一些道观，什么崇真观、栖霞观、寿龙观；还有一座四圣宫，里面居然供着尧、舜、禹、汤四个圣人。这些寺庙和道观密密麻麻地挤在这窄窄的河岸上，赶集似的，热闹非凡，阳光照下来，庙顶上的那些黄色琉璃金碧辉煌，周围却愣是看不到一个人影。然后，就在这一大群寺庙里，我看到居然还夹杂着一座古戏台，挑着鸟翅一样的大飞檐，出将入相，十分威严。好生奇怪，连人都没有，居然还有戏台，难不成是给这些寺庙里的各路神仙准备的？心里正想着，又在一群寺庙里看到一座更奇怪的建筑，过去一看才发现，居然连墓塔都赶到这里来凑热闹了。

我跟着老元粗浅地学到了一些文物知识，便围着墓塔左看右看，希望能看出些门道来。老元背着手轻咳了一声，说，不用看了，这是昙鸾祖师的墓塔。昙鸾祖师就是净土宗的初祖，古籍中说他死后葬于"汾西泰陵文谷"，说的正是这个地方，文谷河边。我叹道，元老师，这阳关山上真没有你没去过的地方啊。他手搭凉棚看看阳光，微微有些得意地说，你应该这样说，阳关山上没有我不认识的文物。

我们两个又沿着渐渐开阔起来的大河继续往前走，两岸荒草萋萋，金色的沙棘树上落满鸟儿，看上去简直像鸟树，一走过去，鸟儿们便轰的一声炸开，倒像是忽然盛开的烟花。河水还在继续变宽，像个巨人一样还在不停地长高长胖，搞得我心里都忍不住担心起来，害怕它这样长下去会变成什么样子，总不会胖成一面湖吧。心里正想着呢，忽然前方就耀眼地跳出了一面湖。

原来是文谷河水库。文谷河从深山发源后，本是一条小溪流，一路上汇合了沟里的无数条川流，渐渐长成大河，一路跋涉，出龙门后吞并西冶河，一直到这里才被彻底收编。那条河静静地从我眼前消失了，取而代之的是大镜子般的水库平躺在群山之中。远处是苍苍黛色和连绵群山，湖面似蓝色琥珀，一丝波纹都没有，里面封存着流动的天光云影。

四

　　一个老人正坐在水库边钓鱼，只见他满脸皱纹，眼珠子灰蒙蒙的，抖着一把雪白的山羊胡子。身上披着一件油光锃亮的羊皮袄，不知道有多少年没洗过了，衣服的前襟完全可以当镜子来使。里面是一件用碎毛线拼接起来的毛衣，彩虹一样。裤子用一条布带随便绑在腰上，脚上两只翻毛大皮鞋，像两只小船似的套在脚上。

　　老人看见我们走过来，远远地就和老元打了个招呼，元老师哇，好些日子没过来了，这是有空过来走走？身体可好些了？老元透出些倨傲之气，微微颔首，像把剑一样孤立在岸边，背起双手，静静看着湖面。老人忽然大笑起来，一边笑一边连忙拔起钓竿，下面却只是一块腐朽的木头，缠满水草。他扔了木头，朝着湖面大声骂了一句，重新又把钓竿抛了进去。

　　这时候，湖面上忽然冒出三颗人头，都慢慢朝岸边游过来，原来是在湖底潜水的人。其中一个看到老元站在岸上，还来不及上岸就在水里举起一块石头，一边胡乱挥舞一边哈哈大笑。三个人像水妖一样湿漉漉地从水里升了起来，那个捧着石头的一边浑身滴水一边几步冲到了老元面前，元老师过来啦？快给咱看看，这是哪个朝代的东西？值不值钱？其他两个人也呼啦一声都围了上来，老元慢条斯理地摸出兜里的老花镜，架在鼻子上，又慢条斯理地接过那块石头端详，看了几眼，不屑地说，就是一块清代的青砖而已。

　　话音刚落，湖中忽然又爬出一个湿漉漉的人，尽管冻得直打哆嗦，此人还是高举着什么东西，一路狂笑着奔了过来。他手里拿的是一只完整的瓷碗。只见碗底的款识是一朵莲花，老元戴着眼镜看了一眼碗底，冷冷地说，康熙款，康熙年间的。那人听闻又响亮地大笑了几声，然后小心翼翼把碗放在地上，拿起了和衣服放在一起的酒瓶，打开瓶盖，咕咚咕咚灌下去大半瓶烈性白酒。空气里全是白酒的气味，喝过酒的人嘴里直嘶嘶冒气，好像吞吐着火焰，而五脏六腑里已经生起了一盆火，正炙烤着全身的寒气。那人喝完酒对着老元说，元老师哇，像你这样的人才就应该到北京去，怎么也不见北京有人来请你？把你老人家可惜了。说罢又重新跳回到湖里去了，似乎那湖底才是他的家。老元背着手，对着湖面微微笑着，看起来心情还不错。

钓鱼的老人再次扑起鱼竿，还是一无所获，他朝着湖面吐了一口唾沫，叹道，武元城里的东西是越来越少了。我忍不住问了一句，武元城在哪？他上下打量了我一番，说，外地人吧？我说，也不算，我老家就是磁窑村的。他好像懒得和我说话，过半晌才用下巴勾了勾湖面，说，武元城就在这下面。我看着无比平静的湖面，一句话都说不出来。

可能在这样的深山里找个人说话也不容易，见我不说话了，他便又自顾自地往下说，这里在明朝就是武元城。五六年建的水库，水库建起来后，武元城就被淹到下面去了。以前这里可热闹着呢，有饭店有旅店，不少生意人都来这里开店铺，来来往往的人多着呢，四面八方的人都来这里买木料卖木料，卖了钱再下山换粮食。你不见这里还盖了戏台？三天两头有戏班子来唱戏。我小时候，一听有唱戏的来了，我外外（外婆）迈着两只三寸金莲，抱着板凳，就带着我来看戏。那时候这里多热闹啊，卖瓜子的，卖莜面切条的，爆爆米花的，咣一声，像放大炮，吓得我们直捂耳朵。我十几岁就在武元城里贩木料了，早些年也挣了几个钱，后来慢慢就不行了，都没人来买木料了。

他又一拉钓竿，拉上来一块长满青苔的窗棂，他连忙站了起来，一边忙着看裤子上的拉链拉上了没有，一边招呼老元，元老师，元老师哇，快帮着看看，看这是什么朝代的东西？老元没动，依然背着双手立在那里，慢条斯理地说了一句，是不是手头又没花的了？老人又不放心地看了看自己的裤链，半笑着说，我们不能和人家你比，有人出几十万买你的文物你都不卖，也不知道人家你想留到什么时分去。我家就我和我老婆子，本来也花不了几个钱，衣服穿十来年也穿不烂，吃的嘛，土豆管够。可是人在世上总不能什么花销也没有吧，打针吃药要花钱，过年给孙子压岁钱要花钱，就是买卷卫生纸都要花钱。第明（明天）是十五了，想去鬼市上再打捞点花销嘛。

我想起在磁窑村碰到的那一老一少，捡瓷片也是为了去赶这个鬼市。我倒有些明白过来了，这大山里因为地处偏远，人迹罕至，遭的破坏少，倒得以保留下来不少文物古迹。这些散落在深山里的山民们不愿下山打工，为了讨生活，就时不时在山里找点残留下来的文物去换钱。只是，过了这么多年，那些露在明面上的文物古迹已经基本被搜罗光了，只剩下那些笨重的大石碑没法抱走。就连这沉在水底的武元古城也被搜罗得不剩什么了。

老元看都没看那窗棂一眼，只从身上掏出几张钱来，塞到了老人手里，然后便扭头往回走了。那老人穿着两只翻毛大皮鞋，像划船一样紧跟着跑了几步，嘴里喊，元老师哇，这就走了？不再看看了？不急着走嘛，去我家里吃顿饭，吃了黑夜饭再回嘛，前些日子我捡了一块石头，还想让你帮着看看呢。老元背着双手，轻声说了一句，你先保存着，下次来了给你看吧。他依然神情倨傲，走路的时候没有一点脚步声，像是飘着过去的，顶着一头花白的头发，颇有些仙风道骨之气。往前走了一段路，快走到三轮车跟前的时候，四下里无人，他忽然就猫下腰，蹲在草丛里慢慢捂住了脸。我连忙走过去，却听见他蹲在那里，正发出古怪的声音。他正蹲在那里小声抽泣。我吓了一跳，上前欲扶他，他却推开我的手，坐在地上，对着地面说，我看见他们就不好受，你知道吗？我本来和他们是一样的，我差一点就成了他们。我小的时候，家里姊妹众多，常常连饭都吃不饱，有时候为了抢口吃的都能打起来，就像他们这样，为了一口吃的就争就抢。你知道我从什么时候才开始和他们不一样了？就是从我喜欢上文物之后，每研究透一件文物，我都能感觉出来，那文物的魂魄去了我身上，我开始和他们不一样了。其实不是我研究文物，是没有文物就没有我。

我开着三轮车沿原路返回。来的路上眼见河流越长越宽阔，回去的路上却眼见河流又倒了回去，河道越来越窄，声音越来越低，徘徊在河柳丛中，蛇行一般诡异，倏忽之间又看不见了，耳边却满是河水叮咚之声。我恍惚间有一种时光在倒流的错觉，觉得自己正朝着过去走去，也许在这深山里走着走着便碰到了过去的自己，还或许走着走着便碰到了我的父亲，他那么年轻，还没有受到生活的任何摧残，而我还只是那个七岁的小孩子，一切都还来得及。如果真的碰到了他，我应该和他说句什么呢，是不是应该说句对不起。那块玉璧在贴身的地方蹭着我，就像父亲的一只手。这时候我又想起了父亲对我说的最后那句话，抽空回趟老家吧，回去看看。

我忽然明白了他的用意，在磁窑村捡碎瓷片的那一老一少，在水库边钓文物的老人，还有那些在水底打捞文物的山民。父亲其实是在告诉我，回到老家，遍地有文物可寻，这或许也是一条活路。

黑暗笼罩四野，一轮明月高悬在头顶，马上又要满月了，月圆月缺，时光如水。已经干枯的草丛在月光下闪着银光，三轮车后面轻飘飘的，我疑心他是不是已经不在里面了，回头一看，那颗花白的头颅正低低地垂着，他像个婴儿一样裹在棉被里，不知道是不是已经睡着了。

回到屋里才发现，双脚已经冻得发麻，我连忙往灶里扔了几把柴火，一边烤火一边往柴灰里埋了几个土豆，屋里弥漫出烤土豆的香味。老元回到屋里，坐在炕上，从怀里摸出一块司南佩，默默地把玩了半天。我发现，片刻之后，他便同路上两样了，他好像从那古玉身上可以汲取到某种奇特的能量，那种世外高人的清冷和倨傲又重新回到了他身上。他把酒葫芦摘下，倒了两杯酒，一杯递给我，说，喝点吧，驱驱寒气。我连着饮下几杯酒，竟然有了一点眩晕的感觉，便颓然卧在炕上。却见他盘着两条细腿坐在炕桌前，上身端得笔直，口气不容置疑，你暖和过来了吗？手要是不冷了，咱们就开始工作吧。

灶洞里的火烧得通红，不时有火舌从里面吐出来，屋里渐渐暖和起来，我卧在那里，颓然看着窗外无边的夜色。我来到这大山里已经两个多月了，不知道自己还要在这里躲多久，也不知道离开这里后自己还能干什么。我又给自己倒了一杯酒，慢慢喝完了才说，今晚就不写了吧。他端坐在那里，表情威严地说，我像你这个年纪的时候，为了写点东西能熬几个通宵。我接口道，你是阳关山上最厉害的文物专家，可惜被埋没在这大山里了。我和你不一样，我本来就什么都不是，我也不知道自己到底能干什么。

他愣了半晌，说，那你走吧。我一惊，呆在了那里。只见他下了炕，走到门口把门打开了，寒风立刻扑了进来，我的酒意醒了一半，回头一看，他正站在那里看着我，脸上清冷倨傲。他说，你要是想走早就走了，我家里这些文物，你要是想拿也早就拿了，我就是看中你这点品性，有耐性，不贪财。你和我年轻时候还真有点像，我年轻的时候也不知道自己到底是谁，年龄大了就慢慢知道了，总会知道的。

我一时呆在那里不知道该说什么，只见他又关了门，往油灯里加了点胡麻油，然后便背着双手在屋里慢慢踱步。他边走边说，从我喜欢上文物之后，我就有了使命感，觉得它们都在那里等着我，都需要我的照顾，就像小孩子一样，需要大人的照顾。我们开始工作吧，不要让这段历史就这么淹没在水下。有些事情不是做给别人看的，是做给自己的，自己就会看得起自己。武元城最早建于宋朝，本是朝廷设的税关，渐渐发展成一个小镇，控制着文谷河山口的交通，起到镇守山口的功用。

一九五六年水库建成以后，便沉入文谷河水库。武元城这一带属于截岔地带，因为地形不宽，所以这一带重叠了很多文化层。早在四五千年前、两三千年前的文物古迹都在地下层层叠叠，就像树木的年轮一样，留下了各个时代的痕迹。最早的古迹属南堡村的新石器时期遗址。这一带的每个村子里都能找到孝文庙，山顶还有一座孝文碑，这可能与当年魏孝文帝曾来过阳关山避暑有关。虽说这一地带土地肥沃，古迹遍地，但自从有了文物的概念，当地百姓便纷纷以倒卖文物为生，导致当地的很多文物遭到了破坏。

夜很深了，月华如水，从窗户里进来，汩汩流淌了一屋子。屋里积水空明，水中藻荇交横。那些古老的器具静静站着，拖着长长的影子，散发着神秘的气息，它们身上的饕餮花纹阴森地浮动在月光里。柜子里静悄悄的，看来他在里面已经睡熟了。我却失眠了，在这样万籁俱寂的深夜里，我忽然想到，确实，从一个老人身边拿走几件文物太容易了，可是，我一直没有这么做。看来，我确实小看了自己。最重要的是，他明明知道有这样的危险，却依然把我留了下来。这么想着想着，心里渐渐清宁下来。我学老元的样子，盘腿端坐着，伸出手去，拿起一本放在炕桌上的书，就着月光轻轻翻了两页。虽然看不清上面的字，但能感觉到一种来自人世之外的澄静，悠远安宁。

第二天醒来一看，已是上午时分，老元正趴在炕桌上整理资料，他淡淡问了我一句，睡醒了？我想起昨晚的情境，仿佛进入了一种奇异的场域，恍如梦中，但又觉得自己身上，不知什么地方，终究是和从前有些不同了。

吃过晚饭，他忽然对我说，今天是农历十五，我带你去看看鬼市，你先稍微睡会吧，不急，咱们到半夜再走，鬼市要到后半夜才开张。

我们出发的时候，我看了看柜子上的老座钟，正是半夜两点。半夜的大山里寂静黢黑，天地紧紧相扣在一起，只在交界处能看到朦胧的山的剪影。就在这一片混沌之中，却有一轮巨大的满月高悬在天空中，明亮、洁净、冰凉，散发着白骨般的光泽。满月有一种可怕的磁场，无论是山顶上传来的狼嚎声，还是近在我们身侧的流水声，好像都在磁场中向着这轮明月而去，宇宙间的一切都会被它吸附到其中，又似乎一切都不过是它投下的幻影。我们小小的三轮车在无边无际的天地间浮游着，被无处不在的月光碾压着，随时都可能化作齑粉，随时都可能会消失。我被这样浩大的月光镇压着，几乎喘不过气来，心里却又奇异地兴奋着。

坐在车盒子里的老元忽然在背后叫了我一声，永钧啊。这是他第一次叫我的名字，我不由一愣。只听他又说，你昨晚就没睡好，今晚又睡不好了，等明天白天再好好补一觉吧。我想起昨晚睡不着的时候还留意柜子里的动静，只以为他睡熟了，没料到他也是彻夜不眠。我说，元老师，你睡不着的时候会做什么？他说，玩玉啊，只要有玉陪着我就行。

我们到了庞水镇的时候是半夜三点，鬼市已经陆陆续续地开张了。庞水镇也是三条河流汇聚而成的截岔地带，整个镇子上只有一条主街，街道两边林立着很多小店铺。鬼市就是在这条街上开张的，半夜开张，天亮前即散去。

镇上没有路灯，但远远便看到，街道两边明灭着一些微弱的灯光，闪烁不定，鬼火一般。等走近了才发现，路两边摆着不少零零散散的地摊，地摊上摆的都是些文物玉器，微弱的光亮在黑暗中撬开了星星点点的缝隙。有的用手电筒照着，有的点着一根蜡烛，有的点着一盏马灯，还有的在树枝上挂了一盏红灯笼，红灯笼的光晕像血一样泼在地上。地摊的主人们坐在后面，无一例外都把脸藏匿在无光的暗处，或把帽子压得低低地挡住脸面，只能听到讨价还价的声音。来买东西的顾客也神秘莫测，没有脚步声，都悄无声息地游荡在这条街上，问价的时候也是尽量避开灯光，压着嗓门。于是便看到很多无脸人鬼影幢幢地低声交谈着，暗暗成交着生意。还有更多的人渐渐从黑暗中走出来，走进鬼市，也都看不到脸。

我们站在无光的暗处看着人来人往，老元悄悄对我说，这是个文物市场，有很多山下的人都来这里买文物，这鬼市上卖的东西有一半是假的，一半是真的。像玉器吧，作假的办法实在太多了，比如羊玉，是把玉石埋入活羊腿中，用线缝上，几年后取出，玉上就会出现血纹理。梅玉是把质地差的玉石用乌梅水煮，煮过的玉石有水冲过的痕迹，再用提油法上色，能冒充"水坑古"。鸡骨白有可能是用火烧出来的。血沁也能做出来，把猪血和黄土混合成泥，放在大缸内，把玉器埋入其中。但在清朝咸丰、同治之前是不看重斑沁的，即使有上好的斑沁，一般也会磨掉，所以在咸丰、同治之前，斑沁玉器极为稀有。不过真货也不少，就看你眼力如何了，按规矩，这里不能多问卖家的姓名和电话，不买也不要多啰唆。

我在鬼市上转了一圈，蹲在一个地摊前看了看，货物并不多，两只司南佩，一只大的一只小的；一只玉龙，刻有折铁纹，看着像商代古玉；一只钙化严重的玉剑璏；一只寿面纹玉琮；一只蟠桃献寿图的粉彩瓷瓶。摊主打着手电筒，脸藏在阴影里，问了一句，吃玉还是吃瓷器？我指了指那只玉琮。他说，汉代的东西，已经沁成鸡骨白了，有一处还开着窗，是青玉。然后就不再说话，依然藏在黑暗中。我假装看了看，赶紧走开。

月光惨烈，遍地银光，没有什么可以遁形，鬼市看起来就像一个从地下浮起来的世界，阴森神秘，鬼影幢幢。我和老元重新碰头，站到没有月光的暗影里，他手里也是空空的，并没有买到什么。我说，没看中的？他在黑暗中笑笑，你觉得到我这个份上，还会再买卖文物吗？我说，也是。我在身上摸烟的时候摸到了父亲送我的那块玉璧，不知为什么，在触到它的一瞬间，我心里忽然有一阵莫名的恐惧。我摸出一根烟叼到嘴上，手竟然在发抖，点了几次才把烟点着。直到大半根烟快抽完了，我才装作很不经意地问了一句，元老师，鬼市地摊上的那些真货都是从哪来的啊？

他高瘦的身影伫立在阴影里，依然背着两只手，并没有说话。我以为他没有听到，便踌躇着把烟头掐灭，又试着问了一遍，地摊上的那些真货都是从哪来的？一阵阴冷的夜风穿过街道，落叶在我们脚下沙沙作响，后半夜了，大雪一样的月光覆盖了一切，一切看起来更加惊心动魄了。这时我在黑暗中听到了他平平静静的声音，一小部分是从农村收购来或是家传下来的；一大部分，尤其是古玉，基本都是从古墓里挖出来的。这些卖货的摊主里有些是专门以盗墓为生的，所以做买卖很谨慎。

我浑身打了个激灵，几乎站立不稳。

五

我们的三轮车慢慢沿原路返回。月亮西斜，即将落山，弥漫于大地之上的黑暗正渐渐褪去，山林和河流的轮廓重新浮现出来。走着走着，前面山与天的交界处便孵出了一层青白色的光亮，这点光亮蠕动着迅速长大，不一会儿，铁锈红的朝霞便铺满东方，黎明到了。

我说，其实你早就知道了。

沉默了片刻，他说，知道什么？

我说，你早就知道了。

他说，你也迟早会知道的，知道了也没什么不好。

我说，所以你要带我来看鬼市。

缥缈的晨雾还未褪尽，清亮的晨光迎面扑来，在一个瞬间里穿过了我们的身体，然后继续向前奔跑。山林逐渐地，一截一截地被点亮，整个森林变得金碧辉煌，太阳就要升起来了。我听见他在我身后说，我是想让你知道，古玉虽美，但大多来自枯骨和腐尸身边，有的古玉进过地下不止一次，出来，再进去，再出来，再进去。有的还沁有人血，不要对它们太过痴迷，就能破除迷障。古玉的美其实是很可怕的，是用幽玄之气和漫漫时间一点一点堆出来的，像古玉上的牛毛纹，很是珍贵，可那需要几千年的时间才能缓慢形成。器物本身不过是一种障眼法，不要想着用这些器物来换钱，因为值钱的其实并不是器物，是住在它们里面的魂魄和时间。破除了迷障才算真正和它们有了缘分，你养它们，它们同时也在养你，就是有一天它们离开你，去了别人手里，你们之间养出来的气息还在。它把你养出了一点尊贵气，你把它养出了最温润美好的玉色。

我去看望父亲的坟。他的坟头上已经长满荒草，和其他大大小小的坟一起挤在狭窄的山谷里，不再像一个初来乍到者。这些坟墓都安详极了，好像已经在此安居乐业惯了。我在墓地里慢慢徘徊，发现这墓地的左侧就是狐爷山，也就是说晋大夫狐突的墓就在这山中。这座山确实奇特，尽管阳关山上林木繁茂，但唯独这座狐爷山上长满了参天古柏，蓊郁森然，柏香清幽。很多柏树都在千岁以上，错节盘旋，长成了各种奇特的形状，有蛇形，虎形，绣球形，牛角形，盘龙形，恍惚是一座动物园。柏王是一棵三千多岁的老柏树，龙爪形，树皮皲裂，老态龙钟，粗大的树根都已经暴露在外面，光树根上就能坐几十个人。整棵大树摇摇欲坠地抱着一块崖边的巨石，俯视着群山，张牙舞爪的样子真像极了一只巨大的龙爪。在山顶上，古柏之间还掩映着一座千年古刹，只是早已废弃，残垣断壁间堆积着厚厚的枯叶，只残留下半座石门，门楣上模糊可见三个大字"登彼岸"。

怪不得放羊老汉说这里是一块风水宝地。果然不假。

能看得出，越是靠外面的坟墓就越是年轻，有几块墓碑还是崭新的，显然下葬到这里还不是很久。一座墓前还摆着五颜六色的纸花，看上去喜气洋洋的，过节一般。越往里走，古墓越多。有一座墓是夫妻合葬，墓碑立于一对石鼓之上，上面爬满藤萝与褐色暗苔。石碑很是气派，碑上刻着仙鹤与凤凰，隐约可见"乾隆四十九年"几个字。一座古墓没有墓碑，却在墓前立着两个翁仲，还有两匹石马。还有一座墓前立着两尊奇怪的石人，石人头戴尖帽，瘦长脸，两只极大的眼睛深凹进去，双手握于腹前，端坐在一只刻有水波纹的方座上。这对石人看起来不像汉人，应该是当时的胡人。又想起老元说这一带在古代曾有不少少数民族的部族，像什么狄族、戎族、孤氏大戎、鲜卑族，心中不由得暗暗惊叹。再往里走，又看到一座古老的墓碑，上面刻着一些奇怪的文字。我帮老元整理资料时见过这种文字，大致能猜测出，这应该是元朝的八思巴文，但碑文里具体说了什么，就没法看懂了。我在那块石碑前坐了很久，元朝之后，八思巴文就已经是死文字了，并没有传下来，现在在这深山老林里猛然遇见这些枯骨般的文字，不免有些心惊肉跳，好像看到了死去文字的尸骸。

再往里走便是那座豪华的陵园，也不知是何人所建，大约是在生前就已经为自己选好了地方的，还不时过来参观游览一番，提前熟悉一下死后的去处。等到死后，果然就彻底搬了进来。八成是从这山上发家的某个煤老板。站在山坡上望着这片墓地，竟觉得像个藏在深山里的繁华小镇。想来住在这镇上的鬼魂们倒也不算寂寞，老老少少，男男女女，有汉族有少数民族，大家死后都没了差异，即使年龄上相差一千岁，也不影响它们在半夜打着灯笼互相串门聊天。

夕阳开始西下，山谷里的光线开始慢慢变暗，整个墓地看起来静谧而阴森。我在父亲的坟前坐了一下午，在他坟头上点了一根红塔山，自己也点了一根，陪着他默默抽了一会儿烟。林中光线转暗的时候，我抬头看看天光，从怀里掏出了那块玉璧。它在昏暗的光线里发出一层柔和璀璨的光芒，像轮月亮一样卧在我手心里。我无法想象它居然在最黑暗最幽深的地底下呆过上千年。对着夕阳举起这玉璧，果然可以看到里面有丝丝缕缕的血沁，像玉璧自己长出的毛细血管。

我在父亲的坟前挖了个很深的洞，把那块玉璧埋入其中。因为佩戴了这块玉璧，他的坟墓看起来瞬时变得光彩照人，卓然不群，如古代的君子出门，言行皆以玉佩为圭臬。再起身时，夕阳已经入山，黑暗从最深的林海中长出来，墓地和陵园渐渐被黑暗所吞噬，鬼魂们出来游玩的时间要到了，我该离开了。

忽然想起父亲当时那句小心翼翼的话，养好了，送给你。不觉已是满脸的泪水。

告别父亲，我在夜色中向西而行。

自从把那块玉璧还给父亲之后，我周身便有了一种奇怪的轻盈感，好像从身上忽然卸去了很多重物，又像是亲手为自己揭去了一道命运的符咒，总之就是感到没有缘由的轻盈。一天中午我坐在门口晒太阳的时候，一低头，发现自己落在地上的影子分外沉静，它也正看着我，目光里有一种奇异的安宁。我变得忧惧渐少，言谈举止之间开始变得与老元有些神似，直到有一天，我发现连我们走路都变得如此相似，都是无声无息地没有了脚步声。

老元的身体时好时坏，有段时间病情忽然又沉重起来。他嘱咐我在佛像面前又多添了两盏油灯，四盏油灯跳跃着，然后他在炕上撑起身子，对着满屋的文物古董作了个揖，说，诸位在里面可是住得不舒服了？是不是又想出来溜达溜达？出来溜达也没事，只是你们迟些叫我，让我把这本书写完了，心愿了了，就跟着你们云游四海去。

他这么一说，我便立刻觉得周围熙熙攘攘的，住满了大大小小的鬼魂。他病情继续加重，我便把他从柜子里抱到炕上，结果他百般不适应，还是要挣扎着爬回柜子里。我只好又把他捉到炕上，如此折腾几回，直到他精疲力竭再动弹不得，便静卧在炕上。我擦了把头上的汗，问道，元老师，你说好好的炕就不能睡？为什么非要睡到柜子里？他身体动不了，只有表情还能动。他缓慢地对我笑了一下，小声说，年轻的时候，不敢睡在炕上，是怕被人闯进屋杀了，抢走文物；后来就睡习惯了，只有在柜子里才觉得安生，才能睡得着。我犹豫了半天终于还是问了一句，元老师，你怎么就那么信任我？他歪在炕上，垂下眼睛，不去看我的脸，只听他说，我研究了一辈子的文物，从不需要借助任何仪器，好的坏的，基本上一眼就能看出来，这就是本事。

他拒不吃西药，也不肯下山去医院，只把自己在山中采来的一些草药煎了，每日服用。他显得很是焦虑，不停催促我加快进程，他把他多年来积攒下的所有资料都摆在了我面前。我除了做饭、煎药，就是没日没夜地整理资料，然后一一编入书中。日子寂静极了，从没有人过来打扰我们，好像整个大山里只有我们两人相依为命。虽不免枯燥，但我发现我竟越来越喜欢这件工作了，就好像，它把我早已埋葬掉的某种尊严感又唤醒了，我居然有机会变成了我曾经假想中的那个人。

他还有厚厚的几十本日记，详细记录了他在几十年时间里去过哪些村庄、考证过哪些石碑、发现过哪些文物古迹，还搜集了当地的一些民歌和鬼故事。他指着那些鬼故事说，我原先还想着写一本阳关山上的《聊斋》呢，你说是不是也挺有趣？我说，是有趣，等你身体好了，你自己来编。他便卧在炕上，久久不再说话。

　　还有厚厚一沓资料全是阳关山上各个村庄的柱状打井图，在这些图上能清晰地看到每个村的地质结构，从泥岩到大颗粒砂到细砂到淤泥层。还有一张阳关山上的手绘地图，很详尽，上面标着大大小小的山脉、河流，各个山村的村名，还标注出了山上的每一座寺庙，如今这些古寺大部分都已经不在了。再细看才发现，地图上还标注出了不少古墓，每一座古墓旁边都画着一个暗红色的三角形。

　　我看着地图微微发了一会儿呆，不知为什么，心里忽然莫名地跳了一下，继而便感慨道，元老师你真是可惜了，要把你放在大学里，当个教授都绰绰有余了。他缩在窗户边，枕着一卷被褥，半躺着，一柱阳光斜射进窗户，罩在了他干枯的身体上。在金黄色的阳光里，他看起来周身静穆剔透，似乎皮肤正渐渐变得透明，甚至都能看到里面的五脏六腑。他极其安详地躺在那里，如沉在井底，一动不动，两只眼睛很虚很静地看着屋里的一个角落，长长的睫毛垂下来，在脸上落下两扇阴影。我以为他并没有听见我说了什么，便埋下头去继续翻资料，却忽然听见他冷冷笑了一声，继而不紧不慢地说，你以为，真正的高手都在大学里？

六

冬天到了，山中下了一场薄雪，苍山负雪，巨蟒般绵延千里，青松白石间随处可见晶莹剔透的冰瀑冰河。雪停之后，太阳出来了，整个山林在阳光下闪闪发光。老元的身体看起来又好转了些，能下炕走动了，他便把油灯撤掉两盏，剩下两盏，然后朝着屋里的那些文物连作了三个揖，嘴里说，谢过诸位了，你们回去了就好好的，想再出来走动时就说一声，我候着你们呢。我在一旁看得目瞪口呆。

这日他又说想去山里转转，于是我把他抱到三轮车里，用厚厚的棉被把他捂起来，带着他到山中闲逛。

我开着三轮车沿着冰封的文谷河一直往下游走。荒草和河柳被冻在冰里一动不动，站在白色的冰面上，还能看到冰下有磨砂般的小鱼在游来游去。在快出龙门的地方有条岔道，他说，我们今天走走那条岔道。拐进岔道，是一条不宽的土路，我从没有走过这条路，在山谷里忽隐忽现，状如蛇行，不知是去往哪里的。我说，元老师，你是不是对这山里的每一条路都很熟啊。他呵呵笑着说，在这山上就像在我自己家里一样。

在我们前面还跑着一辆小面包车，在这无人的深山里能看到面包车，我觉得很是新奇。只见那面包车屁股后面跟着一团土雾，浩浩荡荡地往前奔跑。跑着跑着忽然就不见了，等我们的三轮车又往前挪了段路，它忽然又在前面出现了，像从地下忽然冒出来的一样，继续一颠一颠往前跑。等走近一看我才明白过来，原来是这路中间突然凹下去一个大坑，我们的三轮车也只能先跳进坑里，再慢慢爬出来。

走着走着，猛一抬头，忽然看到那面包车怎么又跑到我们头顶上去了，原来前面是个很陡的山坡，必须得爬上去，于是我又跟着面包车冲上了山坡。冲上山坡一看，前面是一大片枣林，都是上了年纪的老树站在雪地里，树干漆黑，叶子早已落光，铁画银钩的枝干直刺向冬日的天空。那辆面包车拍拍屁股上的尘土，欢乐地开进了枣树林，我也开着三轮车尾随其后。穿过枣树林，一个村庄忽然出现在眼前。

那面包车大概是到山下采购东西去了，两个男人跳下车，一人扛着一个蛇皮袋进了村。

村口有个戏台，修得崭新，描得花红柳绿，戏台上有两个小孩正在玩耍。戏台对面是个祠堂，也修得崭新，简直是纤尘不染。这个村庄和我在山里见过的其他村庄都不大一样，怎么说呢，就是看起来太过崭新太过整洁了，很是讲究，整个村子都散发着一种明晃晃的气息，好像是它不小心走错地方才来到了这深山旮旯里，来到这种角落还时时不忘揽镜自照，整理衣冠。

祠堂上写着周氏祠堂四个大字，祠堂旁边立着一块石碑，石碑上刻着三个大字，天心兮。好有气派，我心里暗叹。这村子共有三条街道，每条街道中央都有座石牌坊。我一看，中间的牌坊上写着"锦龙步泽"，东面的牌坊上写着"星聚高阳"，西面的牌坊上写着"洗心饮光"。村里的房屋和院门大部分都是后来修葺过的，所以几乎看不到老房子。尤其是那些刚刚翻修过的院门，都用红色瓷砖贴出来，在阳光和雪光的映照下闪闪发光，顶上还贴了绿色的琉璃瓦，左右各一滴水兽头。大铁门上扣着铜环，十分气派。一进院门都是一座大屏风，或是牡丹图，或是蝙蝠寿星图，或是一幅黄果树大瀑布。

我们正在街上四处溜达的时候，迎面碰到一位老人，也是瘦高个，拄着根龙头拐杖，昂首挺胸，一部干净漂亮的白胡子飘在胸前；虽然穿着一身旧衣，但十分整洁，整个人看起来气度不凡，简直像个蛰居在深山里的隐士。

老人看到我们，立刻扔掉拐杖，伸出两只手，哈哈大笑着向我们走来。我心想，原来拐杖是装饰品啊。只见老人用两只手使劲握住老元的一只手，不停地说，元老师哇，你可来了。老元倨傲地点点头，并不多说话。他又握住手不放，连着重复几遍，你可来了，可来了。然后带着我们进了他家院子里。院子里一排瓦房，干净整洁，有一棵大枣树，墙上挂着红辣椒和几串干吊瓜，一只黑狗卧在屋檐下，也不叫，只是安静温和地看着我们。真是奇怪，这村里的狗都这么有风度。

老人一定要留我们吃午饭，我们也不便推辞。他老伴麻利地扯下墙上的吊瓜和辣椒，从雪地里挖出一块冻肉，又下菜窖抱出大白菜。山里人家不习惯用相册，照片都挂在墙上的玻璃框里。我进屋一看，家具只有简单的几件，但墙上黑压压地挂满了照片，显得这屋里热闹异常，人头攒动。老人忙着给我们泡茶，我便四处看看照片，问他照片里的人是谁，他瞥了一眼，有点不情愿地说，那个是我大儿子大学毕业时候的照片，后来就留在北京了。我看到一张照片里有埃菲尔铁塔，便惊奇地问照片里是谁，他又不是很情愿地说，那是我二儿子，到法国工作去了。我看着照片里的年轻人，他们也纷纷回看着我，他们身上已经没有了任何山民的痕迹，看上去又冷又远。

我心中奇怪，要是一般的农村老人，对有些出息的子女炫耀都来不及，难得他这般淡定。然后我又看到一张合影，照片上有三个人，他和他老伴，正努力地笑着，他们身后站着一个相貌平常、穿着黑色大衣的姑娘，头发随便扎着，眼神散淡，两手插兜。三个人站在外滩的东方明珠前合了个影。我说，这是你女儿？他略略点头，我闺女，在上海工作。老元边喝茶边问，闺女是不是已经博士毕业了？他淡淡说了一句，你记性就

270

是比别人好，毕业有三年了，都工作了。老元说，你把你的三个子女培养得真是不错哪。他呷了一口茶，不好意思地笑了笑，你满腹的学问比培养多少个子女都强，我们这些人也就是过过自己的小日子，对国家没什么贡献，不能和你比。老元淡淡一笑，我能有什么贡献，不过就是点爱好罢了。不知为什么，我感觉他那一刻的笑容稍有凄凉。

他老伴炒了三个菜，鸡蛋炒木耳，吊瓜炒肉片，白菜炖豆腐，又炸了一大碗金黄的素糕。大山的冬天，家家户户都会做一大瓮素糕存着，吃的时候拿出几条，铁一样硬的素糕，往油锅里一炸，立刻变得金黄绵软。看吃食，也是山里寻常的饭菜，但老两口看上去却都有几分风度，不似别的山民。包括他们家门口的那条狗，从头到尾都没有吭过一声，只在进门时淡定地打量了我们一眼。喂给它剩饭的时候，它居然吃得很雅致，一小口一小口，无声无息地都吃干净了。吃完还不忘把爪子和下巴都舔一遍，竭力保持着仪表。

从这个村庄出来之后，我连忙问老元，这叫什么村。他说，岭底村。我说，这村子气度不凡，是不是有什么来头？在枣林间沉吟一番，他才道，三十年前我第一次来这个村子的时候，这个村子是全阳关山上最穷的村子。因为这里太偏僻，交通不便，要不怎么叫岭底呢，光听这地名就知道有多偏僻。那时候我挨个村挨个村地走，山上每个村的石碑、古庙、戏台、打井资料，我都有记录。那时候就见这个村子实在太穷了，外村的闺女们都不愿意嫁过来，本村的姑娘又都想嫁出去，所以村里到处都是光棍汉。光棍们娶不到老婆，又没钱，就四处偷鸡摸狗，经常去外村的小卖部里赊账，干活挣了两个钱就聚在一起赌博。我当时眼看这个村子就快不行了，便告诉他们一个秘密，他们这个村的人其实都是鲜卑贵族的后裔。历史上北魏孝文帝从平城迁都洛阳之后，就开始推行对鲜卑族的汉化，他取消了鲜卑语，让鲜卑人一律说汉话，又改鲜卑姓氏为汉姓，把宗室十大姓氏都改了。纥骨氏改为胡姓，普氏改为周姓，拓跋氏改为长孙姓，达奚氏改为奚姓，伊娄氏改为伊姓，丘敦氏改为丘姓，侯氏改为亥姓，乙旃氏改为叔孙姓，车焜氏改为车姓。后来拓跋廓退位，西魏从历史上结束之后，有的鲜卑贵族就逃到这一带的深山里躲了起来。因为这个村里的大部分人都姓周，我就告诉村里人，岭底村其实是鲜卑贵族的隐身之地，他们都是鲜卑贵族普氏的后人。后来有十几年我再没来过这村子，等十几年之后我又来了这里一趟，结果把我吓一跳。这个村现在是阳关山上出大学生最多的一个村子，还有几个出国留学的，还出了好几个企业家。别的村的人只要下了山，一般就不会再回来了，他们村的人，在山下赚了钱还要回来修村里的老房子。你看他们村的房子修得多好，一家看一家，后来还修了周氏祠堂。他们是为自己的身份自豪，鲜卑皇室的后人，虽然不小心流落到了这阳关山里，但血液里还是贵族。

我们穿过那片枣林，站在断崖边望着远处。天地洪荒，白色的山峦如象群在大地上缓缓迁徙，暗青色的松树上闪耀着晶莹的积雪，偶见光秃秃的树干上还挂着几只风干的酸枣，血滴一样，在雪地里分外耀眼，几只大喜鹊俯冲过来，争相啄食。我问，他们真的是鲜卑贵族的后人吗？对着群山静默半晌，老元淡淡说，他们是不是真的并不重要，重要的是，他们真的信了。我也望着远处静默下来，伫立良久，他忽然扭过脸来，微微笑着对我说，你现在看明白了吧，一个人的出身其实没有那么重要，重要的是，你愿意把自己看成什么。

我看着群山说，元老师，你这辈子也算值了。

他对着远处那些山峦说，我这辈子无儿无女，可我不遗憾，那些文物就是我的子女，我能听懂它们要说什么。人这一辈子，不能贪心，有了这个就不能有那个。

我们又默默地在崖边立了一会儿，起风了，我把他扶到三轮车的车盒子里，刚要帮他拥上被子，忽然就听见他又对着群山叹息了一声，我还有个心愿未了，我真想有一天去看看雁门关哪，听说一过雁门关就是大草原了，我还想去看看大同的云冈石窟，那可是北魏文成帝时期修建的。

我说，等你身体好了我陪你去。

忽然，他坐在车盒子里老泪纵横，眼泪顺着脸上的皱纹一直向下流去，流去。好一会儿他才对我说，永钧啊，你知道吗，我一辈子都没出过这座阳关山哪。

我心中惊讶，却不知道该说什么，只发动马达，骑着三轮车原路返回，走到岔路口，又顺着文谷河出了龙门，我们一路无话。文谷河水库结了冰，一面晶莹剔透的冰湖反射着阳光，千山似梦，残鸦数点，渐渐消失了在天尽头。有人正在冰面上砸窟窿，不知是为了钓鱼还是钓文物。我们在水库边呆立片刻，朔风凛冽，刮得脸上生疼，我对车盒子里的老人说，元老师，天冷，要不我们还是回去吧。他却指指西冶河说，沿西冶河往上走，再走走，好久没出来看看了，我想多看看这山。

我们便沿着西冶河一直往上走，能感觉到海拔越来越高，树木越来越少，渐渐变成了亚高山草甸。快到山顶才发现，原来西冶河的上游还有个村庄，叫西冶村，也是个萧索破败的小山村。我把他扶下三轮车，他说，研究文物还得了解它们的文化背景，这阳关山里的每一个村子都有来历，汉朝时期，全国有四十五处铁官，其中有一处就在这西冶村。八十年代的时候曾在这里出土过宋朝的铁佛，我当时还来看过。你看这西冶村留下的地名也大都和冶铁有关，那边有道沟叫苦身沟，因为曾是矿工们住过的地方。还有道沟叫大炉沟，是立炉的地方，至今还有冶铁遗址。电视里不是一天到晚说文化嘛，其实真正的文化都在民间。

我们在村里慢慢转了一圈，大部分人家的门上都上了锁，几乎看不到人影，估计也都是搬到山下去住了。村西的大枣树下有个小庙，在庙前终于看到一个人，一个干巴巴的老头正坐在石阶上晒太阳。老头远远地就死盯着我们看，眼睛都不眨一下，等我们走近了，他忽然咧开大嘴笑了一下，然后直盯着老元说，是元老师哇，身体好了？怎么有空过来了？老元只是背着双手微微点头，并不搭话。老头还是死盯着他，有些阴阳怪气地说，你的那些宝贝文物呢，我劝你还是早点卖了吧，老留在家里怕对人身体也不好，你真能服得住？老元只是静静立在雪地里，背着双手眺望远处，并不说话。

我感到气氛有些怪异，边打岔问道，老伯，这也是个狐爷庙？老头笑眯眯地看着我说，狐爷庙在村东头，这是黑爷庙，这两个神仙爷爷可不是一家的，搞混了，神仙会来找你麻烦的，你问元老师嘛，这山上可没有他不知道的事情，连地下埋了什么他都知道得一清二楚。过了一会，他又重复了一遍，连地下埋了什么他都知道得一清二楚。说完哈哈大笑，一边使劲挠着脖子，神情略带癫狂。老元又是微微一笑，并不理睬他。我兀自推开庙门一看，果然不是红脸，是一尊黑脸的神仙。我问老元，这黑脸神仙又是谁？他说，冶铁的窑神，就是老鼠。因为旧日的各行各业都有自己的祖师爷庇护着，唯独煤窑上没有，他们就给自己找了个祖师爷，这祖师爷就是老鼠。因为，煤窑里只要有老鼠，就没有瓦斯，就可以放心地挖煤，所以矿工们就供奉老鼠为窑神，乞求得它的保佑。

没想到这威严的黑脸神仙竟是一只老鼠，我一边觉得好笑一边又被这神秘的大山震慑着。我们离开的时候，那老头还坐在台阶上，笑容诡异，盘着腿，袖着两只手，冲着我们的后背大喊了几声，老元哇老元，我说你把该卖的都卖了吧，那些东西留在家里怕是对你自己也不好，要不你怎么一辈子无儿无女呢，连老伴也走了，就留下你一个孤家寡人，活得也怪恓惶，文物那东西可不敢留，你老人家还每天抱在被窝里，也不害怕，哈哈哈哈。

我隐约感觉他们应该是老相识，但也不敢多问，老元看起来却并没有任何不高兴的样子，他让我开着三轮车继续往河流上游走。告别西冶村的那个老人之后，他忽然就有些奇异的兴奋，话也一下多了起来，但每一句和前面的话都搭不上，一会儿问我母亲多大岁数了，一会儿又问我小孩多大了。我早就告诉过他我还没有结婚，但我也不好说什么，只是沉默不语。见我不说话，他的话反而更多了，一路上几乎都停不下来，看见什么就给我讲什么。

我们路过了荒野里的一座小庙的时候，他连忙说，停下停下，我给你讲讲，你看那座小庙，叫金姑奶奶庙，里面供的是一个十三四岁的小姑娘。那是明朝的时候，西冶村全村都靠冶铁为生，但那时候技术不行，铁和渣分不开，朝廷下的任务又重，完不成就要被杀头。有一次铁水开了之后，这小姑娘就跳进了铁水里，结果铁和渣就分开了，救了全村人。以后人们就有了办法，一到铁水开了以后，就往里面扔鸡扔鸭了。这其实是一种铸铁脱碳的新炼钢法，拿牲畜的脂肪来冶炼，因为脂肪冷却速度比水慢，所以淬火后的钢韧性就强。你看都过了多少年了，这小庙还留着，没人敢拆它，人还是有点敬畏好啊，你说是不是。

他说得上气不接下气，却唯恐停下，唯恐我们之间安静下来。我于心不忍，劝他道，元老师，你少说些话吧，说话多了也伤神。他却不顾一切地打断我，继续说，再往上走，我们再往上，上面还有文物古迹，好多年前我就来考察过，每一件文物我都研究过。他的亢奋让我感到心酸，我知道，只有这样才能遮盖住他心里巨大的悲伤。

我们继续往上走，前方隐隐又出现了一个村庄，我不知道在这山顶上居然还有一个村庄。这时候雪已经化去大半，露出一片片黑色的土壤和枯草，癞疮疤似的。也是一个很小的村庄，和磁窑村有点像，石头垒起来的房屋参差错落，屋檐上长满荒草，有的院门口还立着两尊石狮子，早已风化不堪，院门上依稀可见精美的木雕，雕梁画栋，却已经腐朽。只剩下的几个老人围坐在村口，默默枯坐着，两条老狗卧在老人脚下一声不吭，村里一片远古的寂静。老元下了三轮车，说，你知道这是哪里？这是光兴村，阳关山上海拔最高的一个村，也是最古老的一个村，怎么也有五千年的历史了吧。

如此古老的村庄多少让我有些敬畏，就像亲眼看到了那些史前的巨兽缓缓从时间深处走了出来，走到了我面前。站在山顶上向远处眺望，只见夕阳半山，明月欲上，林木敛烟徘徊，飞鸟远去，微风徜徉。老元脸色惨白，连嘴唇都成了白色的，步履已经有些蹒跚，兴致却出奇地好，双眼发亮，像里面正燃烧着什么。我试着去搀扶他，他却一把推开我，蹒跚着说，我记得那是九二年吧，修路修到这里的时候挖出一堆彩陶碎片来，我听说了就赶紧跑过来，拿白面袋子装了满满一袋子回去，后来我从那些碎片里复原出了几件好东西，都是仰韶时候的彩陶，有只很珍贵的红釉靴形杯，是当时人们用的酒具。那彩陶里面居然还有不少鱼骨头，你猜是因为什么？告诉你吧，因为在古代，光兴这一代也是片大湖，人们是靠捕鱼为生的，家家户户都有小船。可你看它现在有多高，它在这么高的山顶上，比哪里都高，这就是沧海桑田，你说，人算个什么，你我算个什么，我们什么都不是，我们的痛苦也什么都不是，连阵风都不算。

我被这沧海桑田震撼着，一时无话，只站在荒凉的山顶上望着周围黑白相间的茫茫山林，忽又听他说，永钧啊，年轻的时候我也曾看不起自己，直到后来我从那彩陶里发现了鱼骨头的时候，我的感觉就开始变了，如果你发现了一个五千年前的秘密，而这么大的秘密只有你一个人知道，就像是，你是一个天地洪荒的证人，你说，换了你，会不会也开始高看自己？

我说，会。

他哈哈大笑起来，笑得左右摇晃，差点站立不稳，我连忙扶住了他。他在我怀里变得那么瘦，那么小，好像周身都没有一点点分量。

在我们身后不远处是一座残破的石碑，还有一座方形的土墩子，沟壑纵横，这是一座烽火台的旧址。我们两个人立在那山顶，真如大海之上的两只蜉蝣，随时会被淹没，随时都会消失。

老元蹒跚着走过去，抚着那座石碑再次流下泪来，他说，永钧啊，你看看，人最后能留下来的就只是石碑上的这几个字，可是这地底下到底埋藏了多少东西啊，七千年前的，五千年前的，三千年前的，一千年前的，就这么一层一层地被埋在了地下，人活几十年，能看到的就只是最上面的那一层皮，就那一点点。我年轻时候收购过文物，可我从没有卖过一件文物，它们是通灵之物，不是用来买卖的。你说，我是不是也不应该小看了自己？

我说，是。

他又流着泪说，如果我不把这本书写出来，我就对不起它们，就对不起它们陪伴了我这么久。

我说，元老师，你放心。

这次出门之后，老元的病情再次加重，却坚决不肯去医院，他又在佛像前多点了两盏油灯，倒了一杯酒，烧了三炷香，然后朝着满屋的文物作揖，他对它们恭敬地说，我知道诸位是想我了，请各位再宽限我些时日，让我把这本书写完，对各位也有个交代，你们闷了就出去走走，我这门出入自由，想喝酒我就给你们倒上酒，我再每日给各位点上三炷香，你们先享用着。

我在他身后说，元老师，你真的能看到它们吗？

他慢慢扭过脸来，用蓝色的眼睛看着我说，它们从来就没有离开过我，它们都是我的家人。

　　天气越来越冷了，眼看年关将近，我抓紧时间整理资料还有他的口述，想在年前把书编完，然后回家陪母亲过年，我已经很长时间没有见到母亲了。老元终日卧在炕上，艰难地向我口述，我每日只睡两三个钟头，终日蓬头垢面地趴在炕桌上写字，写字的纸不够了，最后简直是五花八门，有稿纸，有账本，有笔记本，有学生的红旗作业本，全被我拿来写了字。早晚各一顿饭，剩下的时间就全放到那本书里去了。我发现我已经不再考虑编这本书对我到底有什么用，一种更大更神秘的力量使劲推动着我，甚至在那么一两个瞬间里让我产生了离地飞翔的感觉。

　　在一个月明星稀之夜，我感觉太疲惫了，便走出屋子，站在寒凉的大月亮底下抽了根烟。月光落在我身上，万物已沉入黑暗，我再次在天地之间闻到了那种神秘的力量。像在黑暗中触到了一只巨兽温柔的鼻息，微微有些恐惧，却又忍不住想流泪。我明白，它正是我想要的那种来自宇宙间的巨大庇护。

　　大年二十九的晚上，书稿初成。我也最终得以定下行程，明天一早去庞水镇赶下山的班车，回家陪母亲过年。窗外，刺骨的寒风在旷野里低回呼啸，一年中最冷的时候来到了，猎户座高悬于头顶，比一年中的任何时候都要壮丽明亮。在这大山的冬夜里，最令人畏惧的，不是狼群，不是孤寂，而是那种巨大，山外还是山，黑暗的尽头还是黑暗，仿佛全世界就只剩下我们这一盏小小的灯火。

书稿的完成使我感到了一种从未有过的虚空和快乐，我一时竟手足无措，不知道接下来该做点什么，该说些什么话，只呆呆坐在灶前，机械地往里添着柴火，脑子里却奇异地轰响着，似乎里面塞满了东西，连一丝缝隙都没有。通红的火光炙烤着我，我伸出双手去烤火，看到自己的十指在火光里变成了波浪形，像水波一样正慢慢流走，我竟向火光伸出手去，试图挡住这流水，明明一阵灼痛，却又忍不住笑了起来，坐在那里竟笑得止都止不住。

书稿完成了，老元看起来也很高兴，精神好了不少，居然能下地勉强走动了，他先是走到油灯前添了点油，烧了三炷香，然后对着周围的空气鞠躬道，书总算是写完了，我谢过各位了。之后又摘下墙上的酒葫芦，在那两只古老的青铜酒具里满上酒，我们两个像陶俑一般端坐在炕桌两侧，心中感慨万千却一时无话，过了很久，他才颤颤地对我举起酒杯，说，喝杯酒吧，快过年了。

他已经变得越来越枯瘦，盘起两条腿如老僧入定一般，那腿看起来和两只胳膊差不多粗细。他嘴唇干瘪苍白，眼眶深陷，眼珠子在灯光下又变成了神奇的蔚蓝色，湖水一般。我不忍多看，心里一阵难过，喝下一杯酒之后，我说，元老师，跟我下山去过年吧，你一个人在这里过年太孤单了。他把一杯酒倒进嘴里，咂了很久，才垂下睫毛说，我在这山里就好，我哪儿都不想去。我说，还是下山看看吧，你不是一辈子都没下过山吗？

他慢慢悠悠又倒了两杯酒，倒酒的手一直在抖，洒出来不少酒。他用袖子把桌上的酒一点一点都擦干净了，才微微叹息一声，说，山下的世界有多大，其实和我并没有多少关系，每个人都有一个自己的世界，你说是不是。你看我在这大山里住了快七十年了，连脚下到底有几层土我都知道，这地底下到底埋了多少东西我也都知道，三千年前的，五千年前的，我都知道。就算这世上根本没有人知道我这辈子到底研究了点什么，也没有人承认我是文物专家，我心里都是看得起自己的，我也算没有白活了。

我把他倒上的酒又一口喝干了，说，元老师你真是可惜了，要是把你放在大学里，恐怕早就是教授了。他淡淡一笑，用两只手恭恭敬敬地端起自己的酒具，朝空中举了举，对着空气说，快过年了，我敬诸位一杯酒，你们陪着我过了这么多个年，我谢谢你们，过年的时候，我照旧不放鞭炮不插柏叶，我怕你们会害怕，来，你们也喝点酒吧，这酒不错的。说罢他把那杯酒慢慢洒在了地上，我看到他的手抖得更厉害了。

我忽然像想起了什么，问道，元老师，我还不知道你的名字呢，现在书稿也出来了，我下山后就找家出版社，看他们给不给印出来，书上得印你的名字啊。

这时，我看到了他投在墙上的影子，一个巨大虚弱的黑影，能把我们两个都装进去，不知为什么，我忽然就一阵不寒而栗。

又喝了一杯酒，他才慢悠悠开口道，在这世上留下个名字又能
怎样，你看就是刻在石碑上的那些文字也迟早会风化掉，书能
留下来就行啦，上面是谁的名字不重要，就写上你的名字吧。

我大惊，连忙说，元老师，这可是你的心血哪，你研究文
物研究了一辈子，怎么能写上别人的名字。他摆了摆手，缓缓
向我扭过半边脸来，另一半脸藏在阴影里，说，留我一个名字
没有什么意义的，我也不在乎别人记住我一个名字，留你的吧，
也许以后对你还能有点用。

我说不出话来，心里却更加恐惧了，我又看到了他落在墙
上的影子，只觉得那影子越来越巨大神秘，几乎塞满了一堵墙
壁。忽然，那影子动了起来，他慢慢下了炕，两条细腿蹒跚着，
手里拿着一把手电筒，站在了那只红木柜子前，就好像他准备
要进去睡觉了。但他没有，他转过脸来看着我，神情安详肃穆，
他和他那巨大的影子一起对我招了招手，过来，帮我把这柜子
挪开。

那种恐惧感更深了。我从炕上跳下来，却连自己的脚步声
都没有听到，我忽然有一种醉酒的感觉，只觉得周围的一切都
是恍惚漂移的，箱子上的那些瓶瓶罐罐都在水波中柔软地漂摇
着，连那只大柜子都是轻飘飘的。我好像毫不费力地就挪开了
那只柜子，与此同时，一扇长满青苔的木门一点一点地出现在
了我面前。木门上挂着一把锁，他把锁打开，嘎吱一声推开了
木门。这是一间就着山坡挖出的土窑，一间密室。

他用湖蓝色的眼睛深深看了我一眼，然后垂下长长的睫毛，举着手电筒走进了那扇黑洞洞的门。我站在门口犹豫着，然而，恐惧感好像已经到底了，心里反而平静了一些，我也终于跟着他走了进去。一股阴冷潮湿的气味扑面而来，就像走进了地底下的墓穴里。一道电筒光劈开黑暗，锋利地落在四面的墙壁上，能看得出，是一间不大的土窑，一个人勉强可以站直，土窑里并没有放什么东西，只在四面的墙壁上挂满了大大小小的画砖，猛一看，简直像个阴森逼仄的画砖博物馆。

一个声音从土窑某个角落里传了过来，这些画砖都是我早些年搜集起来的，那时候我很年轻，比你现在还要年轻得多，那时候家里穷，吃过很多苦，人在年轻的时候真是什么都不怕哪，不怕也好，只要不怕，你就能看到文物通灵的地方。我想，这应该是老元的声音。可是，又无端地觉得这声音很陌生，觉得不像是老元的声音，像是从一个陌生人身上发出来的。这时候我又听到那个声音说，你不用怕的，它们一点都不吓人的。我试图找到老元，却只看到那束手电光的后面隐约藏着一个身影，高而瘦，走动的时候无声无息。

他的声音却在洞穴里继续游荡着，愈发清晰，仿佛它自己已经独立出来，长出了手脚，就站在我的面前。你知道这些画砖都是从哪来的吗？它们都是古墓里的画砖。

我猛地打了个寒战，就像看着一种传说中的怪兽渐渐地现出了原形。我几欲夺门而出，却站在那里动弹不得，那个声音拉着我，不让我离开，它正在黑暗中渐渐变得明亮温柔辽阔，我像误闯进了一出典雅辉煌的歌剧中。

你看这些画砖，它们是一个被完整保存在地下的艺术世界，你能从这些画砖里看到那些早已经消失的时代，汉代，五胡十六国，唐代，宋代，明代，清代，一层一层地被保存在了地底下。你看这些画砖的内容，多么生动，多么有生活气息，有农耕、畜牧、宴会、庖厨、乐舞，古人把他们当时的生活详细逼真地画了下来，陪伴着死者，为了让死者在另一个世界里也可以应有尽有，也可以不孤单。你看这是汉代的墓砖，人物身上的衣服都很宽松，男人戴冠，女人梳着高髻，这个留着两条长长辫子的应该是鲜卑、羌族之类的少数民族。这说明，在当时，阳关山这一带就已经是五胡杂居了。而东晋南北朝的士族们则很讲究仪容气度之美，所以你看这张北齐的墓主画像，就深受这种风气的影响，仪容秀美，有士族风度。你再看这块西晋的墓砖上画的，骑马离去的男子身后，送他的女子并不是汉人，是少数民族，这是当时汉族与少数民族通婚的证明。这都是他们当年生活的场景，宴饮、进食、采桑、鼓吏、耙地，这是胡人对坐，你看，这是一个根本没有人知道的地下世界。

手电筒的光柱从这些画砖上缓缓移过，一张接一张地连在了一起，到最后，竟恍惚连成了一部古老而神秘的电影，满载着那些尘埃般的时间，静静飞翔在我们四周。我的眼睛有些湿润，与此同时，那个可怕的想法却在我身体里飞快地生长着，直至要刺破我的喉咙。我终于听到一个可怖的声音在洞穴中响起，可你是怎么找到这些画砖的？

过了好久，我才明白过来，那竟然是我自己的声音。

他依然隐藏在那束光柱的后面，轻盈得像个幽灵。我看不清他的面孔，却能感觉到他的目光，正落在我的身上，脸上。忽然，他把手电筒熄灭了，周围那些绚烂阴森的画砖也随之熄灭下去了。在黑暗中，我异常清晰地听到他说了几个字，你觉得呢？

我怔在那里，动弹不得。这时，有一只苍老的发抖的手慢慢放在了我的手上，我听见他对我说，孩子，你真不用怕的，一切都还来得及。

七

　　我清晨出门的时候，天还黑着，老元睡在柜子里，没有一点声息。我没有去叫他，只把所有的书稿都装到一只包里，然后便拎着包悄悄地出了门。

　　凛冽的空气扑面而来，走到庞水镇需要走两个小时的山路。残月即将西坠，启明星已经升起，一颗好大的星星孤独地坐在天边，与残月为伴。整个山林还在沉睡中，负雪的松枝静悄悄地站着，偶尔能听到密林深处的猫头鹰在叫，叫声凄厉悠长。冰冻的河流如丝带散落在山林间，灌木上都是积雪，山路上有一层银霜闪着寒光。走到一处陡峭的山崖边，一侧是个幽深的山谷，我在山崖边伫立了片刻，抽了一根烟，看着那深渊在我脚下绽放。

　　走着走着，天空里的星辰和月亮都悄悄隐匿不见了，天边慢慢泛青，又渐次变白，太阳即将升起。半透明的晨光在空气里流动着，万物再次浮出了寒夜。

我和母亲过了个安静的年，除夕之夜，我一直守岁到半夜，我学老元的样子，对着周围的空气深深鞠了一躬，又把一杯酒洒在了地上。过完年，我待在家中把书稿又整理校对了一遍，因为书稿的前半部分是老元写的，我看的时候便格外认真一点。这天，在校对的时候，我在书稿中忽然读到一段话，"元朝，阳关山乃魏道武牧马之地，有马栏川、牛栏川、达奚、乞伏、破六韩等村名。其中达奚、乞伏、破六韩均为北魏鲜卑贵族后裔的隐身之地，破六韩之祖上即孝庄帝元子攸之后人，避难在此。早在公元496年，孝文帝为加快汉化，把拓跋皇族改为元氏，改拓跋宏为元宏。隐居在此山后，元氏子孙为避人耳目，一度以潘六奚为氏，后人伪作破六韩，写的是佛罗汉，实际还念破六韩村"。

我再次回到佛罗汉村的时候，却发现整个村庄里已经空无一人了，包括老元。他的门虚掩着，一推就开了。屋里没有人，那些家具还在原处，只是那些文物一件都没有了，那尊佛像也不见了，两盏油灯终于熄灭了。我挪开那只红木柜子，那扇木门没有上锁，我推开一看，那密室里也是空的，那些画砖也全都不见了。

我沿着已经融化的文谷河一直走到龙门口，出了龙门，眼前就是文谷河水库。水库已经冰雪消融，波光粼粼地躺在群山之间，有云影在绿色的水中缓缓流动。那个老人又坐在岸边垂钓，仍然穿着那两只大头翻毛皮鞋。我走过去坐在他身边看他垂钓，他并不理会我，我递给他一根烟，自己也点了一根。他一边抽烟一边全神贯注地盯着水面。

初春的阳光暖暖地照在我们身上，竟让人生出些许困意。一根烟抽完，我才问了一句，老伯，元老师去哪了？他还是没有看我一眼，把烟头扔在地上，用大头鞋慢慢踩灭，他脚下已经生出了一片嫩绿的草芽。又过了半晌，他才对着水面说，死了，一过完年就死了，他得癌症都一年多了，你不知道？

又沉默了很久，我听见自己轻轻问了一句，他那些文物呢？忽听见他仰天哈哈大笑了几声，笑完才正式看了我一眼，他说，你也惦记着呢？我看着远处的群山，没有搭话。见我不说话他便又说，你不是他徒弟吗？我还想问你呢，你都不知道，那谁还能知道，反正人死了东西就不见了，有人说他都捐出去了，有人说他又悄悄埋到地下去了，反正是一根线都没有留下。你说这个老元，攒了一辈子文物，死了几天都变臭了才被人发现，连个给他戴孝帽的人都没有，一辈子图了个什么？

我在阒寂无人的山林里独自行走。青草返绿，柳枝已经染成了鹅黄色，山坡上远远开出了一片粉色的杏花，如烟似雾，河流声如碎玉溅落，空气再次变得甜润起来。走着走着，忽然看到前面似乎有个人影，我紧走几步跟过去，看到前面飘然走着一个高瘦的老人，头发花白，两条腿极细，裤管里看起来空荡荡的，他背着两只手，正不紧不慢地走在山路上，他走过去的地方，连一点脚步声都没有留下。

我心想，怎么看着这么像老元。便赶紧追过去。等拐过一个弯却发现，前面的山路上空无一人。只有春日的阳光轰然落下，万物灿烂，重新开始抽芽的沙棘丛挡在路边，好像这大地上从不曾有什么发生过。